# 北京市乡村振兴研究报告

## (2021—2022年)

◎ 陈俊红　赵　姜　龚　晶　主编

中国农业科学技术出版社

图书在版编目(CIP)数据

北京市乡村振兴研究报告：2021—2022 年／陈俊红，赵姜，龚晶主编．--北京：中国农业科学技术出版社，2023.12
　　ISBN 978-7-5116-6610-9

Ⅰ.①北… Ⅱ.①陈…②赵…③龚… Ⅲ.①农村-社会主义建设-研究报告-北京-2021-2022 Ⅳ.①F327.1

中国国家版本馆 CIP 数据核字(2024)第 004355 号

责任编辑　倪小勋
责任校对　马广洋
责任印制　姜义伟　王思文

| 出 版 者 | 中国农业科学技术出版社 |
|---|---|
| | 北京市中关村南大街 12 号　　邮编：100081 |
| 电　　话 | （010）82109707（编辑室）　　（010）82106624（发行部） |
| | （010）82109709（读者服务部） |
| 网　　址 | https://castp.caas.cn |
| 经 销 者 | 各地新华书店 |
| 印 刷 者 | 北京建宏印刷有限公司 |
| 开　　本 | 170 mm×240 mm　1/16 |
| 印　　张 | 11 |
| 字　　数 | 190 千字 |
| 版　　次 | 2023 年 12 月第 1 版　2023 年 12 月第 1 次印刷 |
| 定　　价 | 56.00 元 |

版权所有·翻印必究

# 《北京市乡村振兴研究报告（2021—2022年）》编委会

顾　　问：孙素芬
主　　编：陈俊红　赵　姜　龚　晶
编写人员（按姓氏笔画排序）：
　　　　　刘东悦　杜洪燕　张慧智
　　　　　陈　慈　陈玛琳　陈香玉
　　　　　周中仁

# 前　言

实施乡村振兴战略，是新时代做好"三农"工作的总抓手，也是促进农村、农民共同富裕的根本途径。2022年是党的二十大召开之年，也是深入实施"十四五"规划、推进北京率先基本实现农业农村现代化的重要一年。北京市坚持以习近平新时代中国特色社会主义思想为指导，围绕"大城市带动大京郊，大京郊服务大城市"发展定位，始终把"三农"工作作为全市工作的重中之重，扎实推动首都乡村振兴取得新的成效。

在此背景下，北京市农林科学院数据科学与农业经济研究所依托农业农村部都市农业（北方）重点实验室、北京市农林科学院乡村振兴研究中心平台，以服务北京"三农"为己任，充分利用自身的信息资源、科技人才、服务网络等优势，积极面向政府部门、科研单位、企业、合作组织、农民等涉农机构和个人，提供农业科技政策研究、农业需求专题调研、农业科技前沿追踪、农业宏观发展形势分析等多种类型的情报服务。截至2023年10月，共编辑发放情报服务产品《农业科技参考》200余期，开展需求调研、政策调研、案例调研等形式的专题调研上千次，完成各类研究分析报告数百篇，为北京实施乡村振兴战略提供了重要的智力支撑。

本书延续历年来《北京都市型现代农业发展系列》的架构，精选2021—2022年度数据科学与农业经济研究所农业经济与农村发展研究室完成的14篇专题调研报告，汇编成集，分析和总结北京实施乡村振兴战略的探索实践，希望在对已有研究和服务成果简要总结梳理的同时，也能为社会各界认识和研究北京都市型现代农业提供参考。全书结合理论学习和实地调研，分为产业发展篇、科技服务篇、生态保护篇和经验实践篇四部分。其中，产业发展篇主要对粮食产业、设施蔬菜产业、数字农业、鲜食玉米产业等开展调查研究；科技服务篇主要围绕农业科技推广、科企合作、粮食安全追溯体系等进行归纳分析；生态保护篇主要对农村污水治理、生态涵养区发展等进行深入剖析；经验实践篇主要对国内外乡村发展问题进行典型案例分析和实证研究。本书立足新时代北京"三农"实践背景，为加快破解"三农"问题，加速推进乡村振兴提供了经验借鉴，对其他地区实施乡村振兴战略也具有一定的参考价值。

农业农村部、北京市科学技术委员会、北京市农业农村局、北京市科学技术协会等部门对本单位科研和服务工作给予了大力支持。本书部分研究报告得到了各单位的经费支持，部分专题调研得益于相关人员的沟通联络和组织协调，部分分析报告直接使用了他们所提供的文件、数据、总结等宝贵资料。在此表示衷心感谢！

需要特别说明的是，本书内容只反映参与研究的科研人员个人观点。由于学识和研究水平有限，难免存在一些不成熟和不完善之处，欢迎提出宝贵意见和建议。

编　者

2023 年 10 月

# 目 录

## 第一篇　产业发展篇

**报告1　北京粮食产业发展现状、问题和对策建议** …………………（3）
　一、北京粮食产业发展现状分析 …………………………………（4）
　二、北京粮食产业发展存在的问题 ………………………………（8）
　三、促进北京粮食产业发展的几点建议 …………………………（12）

**报告2　产业集群视角下北京设施蔬菜产业发展的思考** ……………（16）
　一、北京建设设施蔬菜产业集群的基础条件 ……………………（16）
　二、北京设施蔬菜产业集群建设面临的问题 ……………………（20）
　三、北京设施蔬菜产业集群发展战略分析 ………………………（22）
　四、推进北京设施蔬菜产业集群建设的几点建议 ………………（23）

**报告3　数字农业基本特征和问题分析** ………………………………（27）
　一、数字农业概述 …………………………………………………（27）
　二、数字农业基本特征 ……………………………………………（29）
　三、数字农业发展面临的问题 ……………………………………（31）
　四、结　论 …………………………………………………………（32）

**报告4　可持续生计视角下易地搬迁村后续产业培育策略** …………（33）
　一、可持续生计理论及其在易地搬迁中的应用 …………………（33）
　二、京郊易地搬迁农户生计现状 …………………………………（37）
　三、促进村民可持续生计的村庄产业发展建议 …………………（44）

**报告 5　北京市鲜食玉米产业高质量发展的路径研究** …………（47）
　一、北京市鲜食玉米产业发展现状 …………………………（48）
　二、北京市鲜食玉米产业面临的主要问题 …………………（53）
　三、推进北京市鲜食玉米产业发展建议 ……………………（56）

## 第二篇　科技服务篇

**报告 6　加强农业科研院所科技推广工作的对策探析**
　　　——以北京市农林科学院为例 …………………………（63）
　一、农业科研院所是新时期农业科技推广的主体力量 ……（63）
　二、北京市农林科学院双"四极"科技推广工作实践 ……（64）
　三、北京市农林科学院农业科技推广模式的经验与启示 …（70）
　四、新时期推进农业科研院所科技推广工作的对策建议 …（72）

**报告 7　科研人员参与种业科企合作的现状、问题及对策** …（78）
　一、引　言 ……………………………………………………（78）
　二、科研人员参与种业科企合作的发展现状分析 …………（79）
　三、科研人员参与种业科企合作存在的问题 ………………（81）
　四、推进科研人员参与种业科企合作的对策建议 …………（83）

**报告 8　新形势下我国食品安全追溯体系建设的思考** ………（86）
　一、体系现状 …………………………………………………（87）
　二、存在问题 …………………………………………………（90）
　三、对策建议 …………………………………………………（93）

## 第三篇　生态保护篇

**报告 9　北京市农村污水处理工艺演变历程与现状解析** …（101）
　一、前　言 ……………………………………………………（101）

二、数据来源与方法 ……………………………………………… (102)
三、北京市农村污水处理工艺现状特征 …………………………… (103)
四、北京市农村污水处理工艺模式演变历程 ……………………… (104)
五、北京市农村污水处理工艺组合模式剖析 ……………………… (107)
六、主要结论 ………………………………………………………… (110)

**报告 10　乡村振兴背景下生态涵养区发展困境与路径探析**
　　　　　——以北京市为例 ……………………………………… (113)
一、北京市生态涵养区发展现状 …………………………………… (114)
二、北京市生态涵养区发展困境 …………………………………… (114)
三、存在问题的原因 ………………………………………………… (116)
四、推进北京市生态涵养区乡村振兴路径探究 …………………… (118)
五、结　语 …………………………………………………………… (122)

## 第四篇　经验实践篇

**报告 11　国外家庭农场发展现状及经验借鉴** ……………………… (127)
一、美国家庭农场 …………………………………………………… (127)
二、法国家庭农场 …………………………………………………… (128)
三、芬兰家庭农场 …………………………………………………… (131)
四、丹麦家庭农场 …………………………………………………… (132)

**报告 12　关于推动农业对外投资合作的政策建议** ………………… (135)
一、农业对外投资合作特点 ………………………………………… (135)
二、北京市农业对外投资合作面临的问题 ………………………… (136)
三、推进北京市农业对外投资合作的相关建议 …………………… (138)

**报告 13　京津冀协同发展背景下北京"菜篮子"外埠基地建设模式**
　　　　**探究** …………………………………………………………… (141)
一、北京"菜篮子"外埠基地建设模式对比分析 ………………… (142)

二、北京农产品外埠基地建设取得的成效 …………………………（147）
三、北京农产品外埠基地建设存在的问题 …………………………（148）
四、完善北京农产品外埠基地建设的政策建议 ……………………（149）

**报告 14　北京农业社会化服务发展现状、问题和对策建议** …………（153）
一、北京农业社会化服务发展现状 …………………………………（153）
二、北京农业社会化服务发展面临的问题 …………………………（159）
三、推进北京农业社会化服务发展的对策建议 ……………………（161）

# 第一篇

# 产业发展篇

第一部

総 論

# 报告 1　北京粮食产业发展现状、问题和对策建议

党的二十大报告指出，要"全方位夯实粮食安全根基""确保中国人的饭碗牢牢端在自己手中"。2022年中央一号文件明确，"主产区、主销区、产销平衡区都要保面积、保产量"。作为粮食主销区和首善之区，北京理应走在前列，与主产区和产销平衡区一道，肩负起保障国家粮食安全重担。然而，北京农业农村情况较为特殊，"大城市小农业""大京郊小城区"的市情农情特点，决定了北京人多地少，粮食产量和需求缺口较大。2022年北京市圆满完成粮食年度生产任务，但面临着耕地有限、粮食比较效益偏低、超大城市居民多样化消费需求等问题。为深入了解北京市粮食生产经营情况，2022年7—9月，现代农业产业技术体系北京市产业经济与政策创新团队粮食作物研究岗位专家团队，采取调查问卷、实地走访和座谈结合方式，以小麦、籽粒玉米、鲜食玉米、甘薯、谷子等粮经作物为重点，赴房山、密云、延庆和顺义4个区开展调研，在走访小农户、农业新型经营主体、农技推广人员等基础上，分析了北京市粮食产业发展现状和问题，提出了对策建议，以期为推进北京市粮食产业绿色高质量发展提供决策参考。

# 一、北京粮食产业发展现状分析

## (一) 谁在种地

### 1. 北京粮食生产经营呈现规模化

当前,各村粮田经营方式主要有三种:一是种植条件较好的地块,主要通过推进土地流转的方式,由同村或邻村大户种植,实现了全程机械化、集中连片作业,提升了作业效率。二是新增复耕复垦地块,主要由村集体或镇政府统一管理,有的是集体种植,有的流转给大户种植,有的委托社会化服务主体种植。三是由小农户承包的耕地,占比较小,由农户自己种植。这部分农户与农业的"黏性"较低,大多对土地流转持观望态度,只要价格合适就进行土地转租。在本次调研获取的253份农户问卷中,承包土地总面积共54 813亩(1亩≈667米$^2$,全书同)。其中,承包地超过50亩以上的有46户,占农户总数的18.2%,承包地面积达到53 485亩,占土地面积的97.6%,户均承包土地1 162亩。这意味着所调研区域98%的粮食种植面积由大户完成,这一状况与调研过程中种植户反映的实际情况一致。

### 2. 新型经营主体成为种植主力军

粮食种植主要以种植大户、家庭农场、合作社等规模化、专业化的新型农业经营主体为主,小规模农户为辅。例如,顺义区北京兴农天力农机服务专业合作社、北京市鑫利农机服务专业合作社、北京万顺旺农机服务专业合作社,流转土地面积均超过万亩,3个合作社种植粮食面积占顺义区粮食种植面积的21%。这些新型经营主体不但种植技术先进,还能确保完成全区粮食种植应急性任务。例如,北京兴农天力农机服务专业合作社承担着北京都市农业万亩示范方任务,2022年小麦播种面积9 000亩,平均亩产450公斤,最高产量达到642公斤/亩。调研显示,有少部分年龄在40岁左右的家庭农场主,粮食种植技术好、思想先进,注重品牌化、特色化发展,为北京粮食生产发展注入了新的活力。

## (二) 怎么种地

### 1. 粮食生产具有较高机械化水平

北京市平原地区地势平坦,各类粮食种植主体驾驶农机完成粮食生产作业成为普遍现象。北京市农作物耕种收综合机械化率达到93%。其中,小麦耕种收机械化率为100%,籽粒玉米除山区、半山区外,平原地区耕种收机械化率接近100%。在政府的支持引导下,粮食种植主体大力推进农用机械的升级换代,为农机安装了北斗导航、自动驾驶、农业传感器、北斗作业监测终端等先进装备,广泛采用无人机植保,提高农机作业自动化、智能化水平。北京市探索了"机农结合"粮食经营模式,种植户从单纯粮食种植或农机服务,向粮食种植高度机械化、先进农机具试验示范、农业综合服务等种植服务一体化转变。还有一些农机合作社通过与小农机手、粮食种植大户之间建立服务联合体,极大地提升了社会化服务能力。例如,密云区河南寨村农机合作社吸收了16个农机户。2022年上半年该合作社在密云区年服务面积3 000亩,开展农机跨区作业1.5万亩。

### 2. 科技支撑科学种田水平提升

各级政府压实粮食责任,多渠道提升粮食综合生产能力。延庆区推进农技推广干部下沉,积极了解基层心声,通过多方沟通,率先帮助种植户解决了鲜食玉米补贴问题。2021年顺义区小麦受秋汛影响播种延后,但在顺义区农技推广部门的悉心指导下,2022年春小麦产量又创新高,单产达到357公斤/亩。各技术服务部门大力推广综合配套技术,提高粮食种植科技水平。玉米主推单粒精量播种、缓释肥一次性底施和合理密植等高效高产栽培技术。玉米单粒精量播种技术应用率为94%,缓释肥一次性底施技术应用率为75%。鲜食玉米主推以错期播种为核心的"抢早延后"技术体系,技术覆盖率超过70%。房山、密云部分地区已实现鲜食玉米一年两茬种植,以保证6月底至10月上旬持续供应鲜果穗。北京市农林科学院选育的'农科糯 336''农科玉 368'鲜食玉米新品种深受农户青睐。小麦种植地块实施了"重耙+翻耕+旋耕（轻耙）"或"重耙+旋耕"的整地方式，推广应用增施底肥、拌种等技术。杂粮生产向轻简、节肥、节药、高效种植方向转变，甘薯推广应用了"提质增效"栽培技术、谷子应用了"轻简抗旱"栽培技术。

### （三）种得怎么样

#### 1. 粮食单产水平保持稳定

截至 2021 年底，北京市农作物播种面积 151.1 万亩，其中粮食作物播种面积 91.4 万亩，产量达 37.8 万吨，平均单产为 413.57 公斤/亩，高于全国平均水平（387.0 公斤/亩）。从近 6 年不同粮食作物品种生产情况看，单产水平总体保持稳定（表 1-1）。

表 1-1　北京粮经作物单产水平　　　　　　　单位：公斤/亩

| 年份 | 小麦 | 籽粒玉米 | 甘薯 | 谷子 |
| --- | --- | --- | --- | --- |
| 2016 | 358.3 | 450.0 | 2 115.7 | 165.9 |
| 2017 | 366.2 | 442.7 | 1 866.5 | 169.3 |
| 2018 | 357.8 | 451.7 | 1 851.8 | 162.3 |
| 2019 | 366.2 | 447.1 | 1 844.0 | 166.1 |
| 2020 | 366.9 | 448.1 | 2 013.0 | 166.8 |
| 2021 | 349.4 | 451.7 | 1 855.3 | 176.5 |

资料来源：小麦、籽粒玉米数据来源于《北京统计年鉴》；甘薯、谷子数据来源于北京市农业技术推广站农情监测系统。

#### 2. 粮食种植绿色高质量发展

北京市粮食种植化肥、农药单位面积投入量总体上有所下降。采取增施有机肥方式，提升土壤质量。北京市农产品合格率达到 97.5%。粮食种植户挖掘农业多种功能，促进产业融合发展。例如，密云区积极推动以西葫芦峪村、金叵罗村等村谷子、甘薯产业基地为基础，以农耕体验、休闲观光、采摘游玩等活动为主线的三优农田建设，同时积极推动葫芦大观园、人间花海等节点建设，促进一产与三产深度融合。在巨各庄镇蔡家洼村推广种植高产品种'龙薯九'160余亩，用于社会大课堂中小学生体验农耕和采收乐趣，彰显了农业的休闲功能。延庆区旧县镇围绕鲜食玉米种植打造市级现代产业园。2022年种植鲜食玉米3 000亩，取得了较好的经济效益和社会效益。

## （四）卖得怎么样

### 1. 粮食销售方式多元化

北京地区大宗粮食作物（小麦和籽粒玉米）普遍由外地粮商前来收购，价格随行就市，不存在卖难的问题。对于鲜食玉米、甘薯、谷子等特色作物，通常有订单销售、互联网销售（电商等）、休闲采摘、田间地头零售4种销售模式。随着冷链物流的快速发展以及"互联网+"的广泛应用，网络销售模式已进入高速发展阶段。例如，北京和合园种植业专业合作社在淘宝、微信商城成立"净鲜园"网店，不仅打破了鲜食玉米时域性，拓宽了受众群体，同时利用冷库应急贮藏+农产品冷链物流+农产品运输绿色通道，缩短了鲜食玉米流通时间，很大程度上提升了农产品品质。延庆永宁镇南山健源园区探索建立了鲜食玉米的休闲采摘模式，分别选择'农科糯336''农科玉368'进行了4个播期。鲜食玉米在采摘旺盛期售价为5~10元/穗。通过举办"北京鲜食玉米节""北京优质甘薯推介会"，邀请专家，吸引市民共同参与，品鉴粮经作物优新品种。

### 2. 种粮效益总体不高

调研显示，小麦、籽粒玉米的成本利润率较低，但种植的过程管理相对容易。北京市、区政府对于粮食种植提供了多项补贴政策，其中农户能获得的种粮补贴包括：良种补贴50元/亩、地力补贴300元/亩、有机肥补贴480元/吨。密云结合"环湖粮"绿色种植要求，为甘薯、谷子种子（种苗）补贴80%费用。但由于种植粮食生产成本不断增加，尤其是农资成本上涨比较多,粮食种植利润空间越来越小。例如,尿素价格从2021年初的零售价2 200元/吨上涨到2022年的3 000元/吨左右,成本大幅上涨,直接影响了种植户的生产积极性。鲜食玉米按穗销售的利润率比较高,达到98.9%,但由于其鲜食特点,对于品种、生产技术及贮藏加工销售等要求较高,普通小农户嫌麻烦也不愿意种植。甘薯、谷子等杂粮利润率相比小麦、籽粒玉米高,北京市各区的补贴政策不同,加之存在与粮食种植争地、贮藏设施缺乏、机械化收获难等问题,也不是种植户的首选作物(表1-2)。

表1-2 主要粮经作物成本收益情况

| 项目 | 单位 | 小麦 | 籽粒玉米 | 鲜食玉米（穗） | 鲜食玉米（批发） | 青贮玉米 | 甘薯（鲜食） | 谷子 |
| --- | --- | --- | --- | --- | --- | --- | --- | --- |
| 农资费 | 元/亩 | 425 | 210.6 | 720 | 720 | 185.72 | 1 140 | 708 |
| 农机作业费 | 元/亩 | 205 | 150.74 | 344 | 384 | 151.38 | 300 | 344 |
| 人工费 | 元/亩 | 500 | 300 | 850 | 450 | 150 | 1 800 | 450 |
| 地租 | 元/亩 | 600 | 600 | 600 | 600 | 600 | 600 | 600 |
| 成本合计 | 元/亩 | 1 730 | 1 261.34 | 2 514 | 2 154 | 1 087.1 | 3 840 | 2 102 |
| 产量 | 公斤/亩 | 650 | 600 | 2 500 | 1 500 | 3 331 | 2 100 | 200 |
| 单价 | 元/公斤 | 3.2 | 2.6 | 2.0 | 1.6 | 0.38 | 2.8 | 15 |
| 收益合计 | 元/亩 | 2 080 | 1 560 | 5 000 | 2 400 | 1 265.78 | 5 880 | 3 000 |
| 净利润 | 元/亩 | 350 | 298.66 | 2 486 | 246 | 178.68 | 2 040 | 898 |
| 成本利润率 | % | 20.23 | 23.68 | 98.89 | 11.42 | 16.44 | 53.13 | 42.72 |

数据来源：2022年课题组调研。

## 二、北京粮食产业发展存在的问题

### (一) 粮食生产自给率偏低

**1. 粮食播种面积偏小，总产量不高**

自1978年北京市有农作物播种面积数据记录统计以来,随着城市化进程推进与功能疏解的影响,北京市农作物播种面积从 1978 年的 1 036.5 万亩一直减少,直到 2019 年达到最低点 138.0 万亩,此后在政策扶持下播种面积逐渐回升。但与其他粮食主销区相比,粮食播种面积小、总产量不高。北京粮食单产总体水平不高。2021 年北京粮食单产为 413.57 公斤/亩,尽管高于全国平均水平(387.0 公斤/亩),但与全国排名前两位的上海(533.1 公斤/亩)和新疆(473.3 公斤/亩)相比仍有较大差距。主要原因是北京市近两年新增复耕的耕地较多,地力有限,导致粮食平均单产略有下降;另外,北京市缺水严重,且山区气候偏冷,也影响了单产水平(表1-3)。

表1-3 北京市粮食作物播种面积及产量

| 年份 | 农作物播种面积（万亩） | 粮食播种面积（万亩） | 粮食作物产量（万吨） | 单产（公斤/亩） |
| --- | --- | --- | --- | --- |
| 2010 | 475.5 | 334.5 | 115.7 | 345.89 |
| 2011 | 454.5 | 313.5 | 121.8 | 388.52 |
| 2012 | 424.5 | 291.0 | 113.8 | 391.07 |
| 2013 | 363.0 | 238.5 | 96.1 | 402.94 |
| 2014 | 300.0 | 180.0 | 63.9 | 355.00 |
| 2015 | 265.5 | 156.0 | 62.6 | 401.28 |
| 2016 | 225.0 | 129.0 | 52.8 | 409.30 |
| 2017 | 189.0 | 100.5 | 41.1 | 408.96 |
| 2018 | 159.0 | 84.0 | 34.1 | 405.95 |
| 2019 | 138.0 | 70.5 | 28.8 | 408.51 |
| 2020 | 153.0 | 73.5 | 30.5 | 414.97 |
| 2021 | 151.1 | 91.4 | 37.8 | 413.57 |

资料来源:《北京统计年鉴》。

## 2. 北京市粮食供需缺口较大

与国内其他主销区相比,粮食自给率相对较低。按人均消耗 400 公斤/年粮食安全标准计算,2021 年北京市常住人口 2 188.6 万人,粮食自给率为 4.3%,能满足 94 万人消费需求,近 2 100 万人靠粮食输入。上海粮食总产量为93.69万吨,粮食自给率10.7%。社会粮食供需平衡调查显示,2021年北京市粮食供给554.3万吨,其中,自产37.8万吨,粮食自给率6.8%,人均实际消耗粮食标准253公斤/年,意味着有超过2 000万人粮食消耗依赖输入(表1-4)。

表1-4 我国粮食主销区自给率比较(2021年)

| 地区 | 人口<br>(万人) | 粮食产量<br>(万吨) | 粮食播种面积<br>(万亩) | 单产<br>(公斤/亩) | 自给率<br>(%) |
| --- | --- | --- | --- | --- | --- |
| 北京市 | 2 188.6 | 37.8 | 91.4 | 413.6 | 4.3 |
| 上海市 | 2 189.4 | 93.96 | 176.1 | 533.6 | 10.7 |
| 浙江省 | 6 540 | 620.91 | 1 510.1 | 411.2 | 23.7 |
| 广东省 | 12 684 | 1 279.9 | 3 319.5 | 385.6 | 25.2 |
| 福建省 | 4 187 | 506.4 | 1 252.65 | 404.3 | 30.2 |
| 海南省 | 1 020.5 | 146.0 | 231.52 | 630.6 | 35.8 |
| 天津市 | 1 373 | 249.9 | 560.2 | 446.1 | 45.5 |

资料来源:《中国农村统计年鉴》。

## (二)土地租期不稳定,基础设施不完善

### 1. 土地租期不稳定

与传统农区不同,北京市土地具有一定金融属性,这也是关系粮食生产的"卡脖子"问题。北京市农民对土地问题比较敏感,担心失去土地的承包经营权,不愿意签订较长期限的合同。土地流转多以口头协议为主,土地经营权一年一变,粮食种植户投入存在短期行为,对土地进行掠夺式经营,还有的种植户存在种一年换一个地方的情况。对于需要不断提升地力的复耕复垦土地而言,种植户不可能在地力培肥方面投入过多。这种土地租赁短租行为,造成种植户信心不足,全产业链无法形成,农村土地效益得不到充分发挥,资金参与农业发展的积极性不高,在一定程度上制约了粮食适度规模化。此外,承包地拍卖过程出现了地租过高的问题,尤其在近郊更为突出。农村产权交易平台对参与土地招投标的主体没有特别约

束。有的资本拍下地却不展开经营，转手又租给合作社，炒高了土地价格，也提高了农民的土地期望值。2022年顺义区某合作社为避免土地流失，不得不以1 458元/亩的拍卖价格获得土地，而当地比较合理的地租为1 200~1 300元/亩。

**2. 农田基础设施薄弱**

平原造林及一些规模化的建设用地，破坏了以前成方连片的高标准农田，土地农林间隔，碎片化，基础设施建设难度大，排水沟不畅通。基础设施抗灾能力不足，农户对于农业基础设施建设需求强烈。为进一步扩大耕地面积，2021年北京市大力推进土地的复耕复垦。从种植情况看，大部分新增耕地由村集体或乡镇租赁给大户种植粮食作物，实现了应种尽种、种满种好。但由于这部分地块由林地、草地、园地、撂荒地、大棚房、住宅、河滩地等进行开发利用，土质本底条件相对较差，浇水施肥困难。还有一些存在建筑垃圾、网线电线等遗留问题需要解决。

## （三）农业社会化服务能力不强

**1. 农机服务实力不强**

规模化粮食种植，依靠农业机械化实现提质增效。自2014年北京实施"调转节"以来，粮食播种面积减少了50%，农机社会化服务总体规模在缩减，服务组织人数占比低，实力雄厚的大中型农机专业合作社占比较少。截至2021年底，北京市农机服务组织总数为217个，其中，拥有农用机械原值超100万元的服务组织占比不足22%，且大部分农机户办公基础设施简陋，机库棚、维修车间建设滞后，大型农机具普遍露天存放。农机仅为周边村提供服务，几乎都不出区。与河南、河北、江苏等粮食种植大省社会化服务组织相比，北京市的社会化服务技术、服务价格、经营管理水平存在差距。很多小农户甚至大户愿意接受外省农机社会化服务的溢出。北京农机服务主体更愿意服务于种植大户、家庭农场、农民合作社等规模种植主体，不愿意为小农户提供粮食农机服务，部分小农户需求不能得到完全满足。

### 2. 粮食产后晾晒场地缺乏，仓储加工能力不足

粮食规模化种植面临的主要问题就是缺少大块的晾晒场地。目前，北京市小麦、玉米等粮食收获后必须立即销售，价格只能随行就市，无法晾晒、加工。调研显示，顺义区10月玉米成熟，玉米含水量高达18%~20%，无法籽粒直收，农户只能选择穗收后晾晒或直接青贮。由于没有库房、烘干设备，收获后小麦没地方晾晒。没有烘干小麦价格比烘干的价格低0.15元/公斤，如果种植9 000亩，产量450公斤/亩，农户少收入近100万元。粮食产后仓储加工能力不足。甘薯贮藏能力仍然不足，无法实现周年供应。杂粮无法就地加工，一些种植大户不得不到外埠开展农产品深加工，增加了额外成本。

## 三、促进北京粮食产业发展的几点建议

### （一）明确粮食产业发展政策，确保粮食生产提质增效

#### 1. 稳步提升粮食自给率

通过改良种子、提升栽培技术、加大复垦力度等措施进一步挖潜，扩大有效播种面积，稳步提升北京市粮食自给率。全面推进绿色种养结合的循环农业发展模式，适度扩大畜禽养殖规模。根据土地承载力计算种养配比，实现废弃物本地内部自然消纳。在不影响粮食种植任务前提下，适当提高青贮饲料的自给率。以养殖业规模为基础核算青贮玉米需要量，确保本地饲料一定自给率。

#### 2. 坚定不移推进粮食适度规模经营

粮食生产上，坚持规模经营与生产托管相结合的发展思路，不断提升生产效率。对于已经实现集约化、专业化种植区域，要在稳定经营主体信

心的基础上，确保种植面积。可借鉴上海松江探索粮食家庭农场发展模式，完善支持家庭农场发展的财政、金融、社保等政策体系，逐步把土地集中到种田能手、专业农民手中，培育一支稳定的发展现代农业的农业生产经营队伍。对于小农户和规模化困难的区域，大力推进以生产托管为主要内容的社会化服务，确保种好每一块地。围绕产业发展出台补贴政策，将一些补贴，如地力补贴、种子补贴等，补贴到实际种粮主体，实现"谁种粮，谁享受补贴"，从而鼓励合作社、企业开展现代化经营。对于顺义、房山、大兴、平谷、通州等粮食种植面积较大的区域，也是未来增产潜力最大的地方，应进一步加大补贴力度。

**3. 明确不同粮食作物定位，引导各区将不同功能粮食作物种植类型、面积落实到具体地块**

对于小麦和籽粒玉米，以"稳面积、保产量、提质量"为核心，以中央制定的粮食生产任务为基础，确保粮食生产空间。鲜食玉米、杂粮等作物，要围绕城市居民"菜篮子"需求，充分利用北京作为国际化大都市的市场潜力和科技优势，从高端品种选育（产前）、绿色有机种植模式推广（产中）、新型销售模式（产后）3个环节发力，鼓励鲜食玉米、甘薯、谷子等杂粮种植，各区根据实际情况给予种植户、合作社相应的政策补贴。

## （二）稳定承包地租期，推进高标准农田建设

### 1. 探索多元化土地经营模式

保护农民种粮积极性是保护粮食综合生产能力的根本措施。农业周转期长，农业做大做强，需要有农业情怀的人长期坚持和投入。由此，重视且维护现有粮食种植大户的信心和底气显得尤为重要。探索推进以土地入股方式将农户承包土地转换为村集体股权，土地由村集体统一出租、入股等方式与农业企业合作，收益由农户按相应股权份额分红，用土地股权化解决土地规模化问题。规范农村承包地流转行为。对在农村产权交易平台上参与竞标的涉农企业资本、农业经营条件等进行约束；对竞标地块进

行限价，约束明显不合理出价行为。

**2. 推进高标准农田建设**

落实《北京市高标准农田建设规划（2021—2030）》，扩大高标准农田建设面积。继续加强农业土地开发整理。对于复耕复垦土地，加大整理力度，改良土壤、培肥地力，增加农田水利设施建设投入，协助规模种植农户解决不利于种植的遗留问题。

## （三）提升现代化农机装备水平，创新社会化服务新机制

**1. 提升农机装备水平和作业服务能力**

一是扶持大中型服务组织做大做强。对发展质量较好的大中型农机合作社，加大基础设施建设、配套用地、农机融资、农机保险等扶持力度。二是提升基础设施配套建设水平。加大规模农户的农机库场地、农机设备智能化改造等方面支持力度，帮助农机户补装备短板。培育有能力实施社会化服务的社会化组织，将这部分人培育成为未来的种植户。三是加大农机农艺融合技术研发和推广力度。加大鲜食玉米收获机械、山区半山区小型农机、谷子收获机等产业急需新型装备研发力度。加大粮食增产新技术的研究和引进工作，依托规模种植户大力推广节本增产技术、优质增效技术和防灾减灾技术。

**2. 引导社会化主体为小农户服务**

发挥社会化服务补贴政策引导作用，在中央农业社会化服务补贴项目基础上，增加市区级财政投入。鼓励签订长期稳定土地流转合同和生产托管合同，并对服务"小散偏"农户的主体给予支持。积极探索如生产托管、折股量化、产业化联合体等多种形式的托管模式，鼓励服务主体将农业经营利润更多地向农户倾斜，提高小农户参与社会化服务积极性与获得感，从而充分释放农业社会化服务发展活力。

### 3. 探索创新社会化服务机制，解决粮食产后收储加工难题

借鉴其他粮食主产区建设"粮食银行"经验，建立粮食收储中心。粮食规模化（籽粒玉米、小麦）种植必然要配套晾晒、加工、仓储等场地。各区可考虑参照设施用地办法，统一建立粮食"收、烘、储、运"四位一体的仓储物流中心，并探索建立"粮食银行"机制，为农户进行粮食安全储存，农户根据市场行情自行选择结算时间，解决粮食收储和售价不高问题；仓储中心与粮库、加工企业形成"订单模式"，形成稳定的外销渠道。

## 参考文献

陈玛琳，周中仁，陈慈，2019. 北京粮经产业结构调整成效及下一步调整方向思考［J］. 北方园艺（15）：141-147.

郭泽林，赵旭，2017. 山东省粮经作物播种比例演变及结构优化研究［J］. 中国农业资源与区划（5）：164-171.

化金津，2017. 调整粮经饲结构促进种养业协调发展问题研究［J］. 时代农机（4）：125-127.

卢瑞雪，刘瑞涵，王俊英，等，2015. 北京春玉米生产经营现状分析［J］. 北京农学院学报，30（1）：115-117.

田国强，2019. 中国经济高质量发展的政策协调与改革应对［J］. 学术月刊，51（5）：121-125.

王瑞峰，李爽，2020. 中国粮食产业高质量发展评价及实现路径［J］. 统计与决策（14）：92-97.

王雪娇，李梁，毛昭庆，等，2022. 云南构建区域粮食产业链及供应链对策研究［J］. 中国农学通报，38（5）：157-164.

# 报告 2  产业集群视角下北京设施蔬菜产业发展的思考

农业产业集群建设是加快农业现代化，提升区域产业竞争力的重要路径。设施蔬菜作为北京都市现代农业最有代表性的产业，推进其集群化发展是北京实现农业现代化的主要任务。本研究分析了北京市设施蔬菜生产基础和产业集群建设的条件，对标农业产业集群建设要求，分析存在的差距，提出推进北京设施蔬菜产业集群建设的几点建议，以期为北京深入推进农业供给侧结构性改革，抓好高效设施蔬菜产业集群建设工作提供借鉴和参考。

## 一、北京建设设施蔬菜产业集群的基础条件

### （一）设施蔬菜在蔬菜产业中地位日渐突出

尽管受土地资源、生产成本等限制，北京农作物播种面积由 2011 年的 30.1 万公顷大幅缩减至 2019 年的 9.2 万公顷，降幅达 69%，但与大宗作物相比，蔬菜播种面积降幅相对较小，约 53%，且蔬菜播种面积占农作物播种面积比重从 2011 年的 21.3% 提高到 2019 年的 33.8%，增长了 12.5 个百分点。目前，北京市蔬菜生产以设施蔬菜为主，设施蔬菜播种面积占蔬菜总播种面积的 65.7%。设施蔬菜产量占蔬菜总产量的比重从 2011 年的 37.1% 上升到 2019 年的 71%。为扭转蔬菜生产连续多年下滑局面，北京市提出"十四五"期间要提高重要农产品自给率，2020 年，北京市蔬菜播种

面积超过3.6万公顷，产量超过130万吨，比2019年增长20%，恢复生产的同时，北京市还制定了《北京市高效设施农业用地试点工作方案（2020—2025年）》，加大现代高效设施农业用地支持力度，推进设施蔬菜集群化发展。

## （二）设施蔬菜产业空间布局趋于集中

一般而言，区位熵值大于1，说明该产业在该地区的集聚程度较高，专业化程度超过了总体地区；区位熵值小于1，则相反。区位熵值计算结果显示，北京市设施蔬菜产业集中度在不断调整优化。2011年，北京市设施蔬菜主要集中在丰台、朝阳、大兴、昌平、海淀5个区；自2012年开始，通州、房山、顺义开始大力发展设施蔬菜，而朝阳、海淀蔬菜面积大幅度下降。到2019年，设施蔬菜主要集中在大兴、丰台、房山、顺义、通州、昌平6个区。上述6个区设施蔬菜产量占北京市设施蔬菜总产量的80%以上，近10年从81.47%上升到86.30%。除集中度较高的6个区外，其他7个区的设施蔬菜生产在全市蔬菜生产功能上、品种上互为重要补充（表2-1）。

表2-1 设施蔬菜产业集中度（2011—2019年）

| 城区 | 2011年 | 2012年 | 2013年 | 2014年 | 2015年 | 2016年 | 2017年 | 2018年 | 2019年 | 变化幅度（%） |
| --- | --- | --- | --- | --- | --- | --- | --- | --- | --- | --- |
| 大兴区 | 1.20 | 1.22 | 1.14 | 1.21 | 1.17 | 1.06 | 1.13 | 1.17 | 1.23 | 2.1 |
| 丰台区 | 2.18 | 2.15 | 1.48 | 1.76 | 1.49 | 1.46 | 1.37 | 1.23 | 1.21 | -44.7 |
| 顺义区 | 0.99 | 0.89 | 0.87 | 0.91 | 1.01 | 1.18 | 1.12 | 1.15 | 1.14 | 15.4 |
| 通州区 | 0.96 | 1.03 | 1.12 | 1.07 | 1.15 | 1.22 | 1.16 | 1.08 | 1.10 | 15.0 |
| 房山区 | 0.99 | 1.04 | 1.10 | 1.15 | 1.02 | 1.07 | 1.00 | 1.08 | 1.09 | 9.9 |
| 昌平区 | 1.19 | 1.28 | 1.32 | 1.32 | 1.02 | 1.05 | 0.97 | 0.98 | 1.00 | -15.5 |
| 朝阳区 | 1.76 | 1.54 | 1.50 | 1.56 | 1.18 | 0.91 | 0.83 | 0.90 | 0.76 | -56.7 |
| 平谷区 | 0.68 | 0.63 | 0.61 | 0.54 | 0.56 | 0.48 | 0.60 | 0.71 | 0.76 | 11.0 |
| 海淀区 | 1.41 | 1.37 | 1.32 | 1.31 | 1.10 | 1.08 | 0.98 | 0.88 | 0.75 | -46.8 |

(续表)

| 城区 | 2011年 | 2012年 | 2013年 | 2014年 | 2015年 | 2016年 | 2017年 | 2018年 | 2019年 | 变化幅度（%） |
|---|---|---|---|---|---|---|---|---|---|---|
| 密云区 | 0.83 | 0.84 | 0.82 | 0.76 | 0.68 | 0.63 | 0.56 | 0.55 | 0.51 | -38.7 |
| 延庆区 | 0.65 | 0.57 | 0.52 | 0.63 | 0.56 | 0.50 | 0.57 | 0.54 | 0.51 | -22.7 |
| 怀柔区 | 0.77 | 0.86 | 0.85 | 0.74 | 0.55 | 0.47 | 0.41 | 0.33 | 0.35 | -54.7 |
| 门头沟区 | 0.79 | 1.44 | 1.70 | 1.65 | 1.36 | 1.28 | 1.11 | 0.10 | 0.09 | -88.3 |

资料来源：《北京区域统计年鉴（2012—2020）》，北京市统计局。

### （三）设施蔬菜生产经营主体多元化、组织化发展

北京现从事设施蔬菜生产的有13个区、151个乡镇、2 089个村。设施农业经营主体2.32万个。现有蔬菜育苗场98家，其中，育苗规模500万株以上的11家。主要集中在大兴区、顺义区及通州区。单体规模达到2公顷以上的大型智能温室蔬菜工厂化生产车间4个，成立了国内首个蔬菜工厂化生产技术研发中心。有蔬菜产加销一体化农业产业化龙头企业16家，2018年，规模以上设施蔬菜加工企业产值9.5亿元。以设施蔬菜为主要特色的休闲农业园区有28家，大部分设施蔬菜休闲农业园拥有"绿色"或"有机"认证，如王木营蔬菜种植合作社、延庆北菜园、三分地有机农场、三生万物生态农场等，另有蔬菜产加销一体化、以生产服务为主及购买服务为主的市级以上农民专业合作社示范社39家，其中国家级25家，市级14家。

### （四）设施蔬菜产业科技支撑力度不断加大

为提高蔬菜生产技术支撑能力，北京市2009年成立了果类蔬菜创新团队，2014年成立了叶类蔬菜创新团队，设施蔬菜领域现有工程中心、重点实验室等条件平台11个，为发展高效设施蔬菜提供了强有力的科技支撑。创造出了黄瓜年亩产2.6万公斤的高产典型；利用无土栽培技术，实现了

38 公斤/亩的设施番茄产量；农业用水总量由 2001 年的 17.4 亿米$^3$，下降到 2019 年的 3.7 亿米$^3$。随着物联网技术发展，实现温湿度自动控制、智能化施药、水肥一体精准施入。在贮藏加工方面，重点推广了鲜活农产品产地商品化处理、电商高效配送保鲜、蓄冷保鲜等技术，"十三五"期间农产品采后损失率由 28.5% 降低至 16.6%。在设施农业病虫害防治方面，农作物病虫害绿色防控覆盖率达 50%。截至 2019 年底，北京市共建设 14 个部级标准化蔬菜生产基地，创建了一批蔬菜基质化生产基地，基质化示范面积 1 500 亩，建设基质化栽培基地 45 家。以番茄基质化栽培为重点，研究形成了 7 套蔬菜基质化生产标准化技术模式。截至 2019 年底，全市蔬菜病虫害绿色防控示范基地达 93 家，覆盖面积 0.19 万公顷。

## （五）设施蔬菜产业服务体系逐渐完备

北京市通过培育全科农技员队伍、建立以供销社系统"首都农资"连锁服务为主体的农资连锁销售方式，推动服务"下沉"，形成了公益性与经营性相结合的服务新机制。截至 2019 年，北京市建有市级专业质检中心 6 家，区级综合检测中心 13 家，镇级农产品质量安全监管站 100 多家，依托村级全科农技员和村级植物疫病监控站，实现了监管链条向村级延伸。同时大力开展植保专业化服务，北京市提供植保社会化服务的组织有 32 个，其中，22 家为企业性质。病虫害专业化服务组织已达 16 支，专职从业人员达 300 余人，服务模式正从代防代治、阶段承包防治向全程承包防治转变，服务内容也由原来的单一施药、棚室消毒、土壤消毒向全程防控转变。此外，北京培育了 10 多家产业化联合体，引导新型生产经营组织开展专业化、规范化服务。例如，延庆区建立的"优质农产品品牌提升与营销流通体系联合体"，由国有龙头企业绿富隆农业股份有限公司牵头，组建了覆盖产业链上下游的生产服务、科技创新、检验检测、电商销售、物流配送五大联盟，共同经营延庆区"妫水农耕"区域优质农产品品牌。怀柔区的北京食安农业产业化联合体，由三山蔬菜产销专业合作社组织 10 家成员成立，生产加工主体与合作社签订订单合同，建立稳定购销关系，参与入社农户共计600余户，年户均收入可达3万余元。

## 二、北京设施蔬菜产业集群建设面临的问题

### （一）设施蔬菜优质不优价，"小特产"还不是"大产业"

在北京市各级机构的综合推动下，标准化生产体系建设取得了一定成效，设施蔬菜质量安全性逐步提高。但北京市高品质蔬菜的市场议价能力不足，蔬菜生产经济效益有限，致使设施蔬菜市场出现"优质不优价"现象。例如，2017年北京市设施番茄销售价格2.5元/公斤、净利润4 478.3元/亩，均低于2.8元/公斤、5 009.4元/亩的全国平均水平。北京设施蔬菜生产成本偏高，设施番茄每亩生产总成本分别比天津、河北和全国平均水平高2 603.1元、232.5元、380.1元。其中，主要是每亩物质与服务费用支出比天津、河北和全国平均水平分别高3 009.9元、795.4元和1 553.9元。随着农业水价综合改革、煤改清洁能源、农业绿色发展等工作的深入推进，北京农业用水、用电、用气、绿色生产等生产成本也在持续上涨。此外，北京蔬菜生产的土地成本也明显高于天津、河北。

### （二）设施蔬菜生产硬件不硬，设施闲置和不足并存

京郊蔬菜设施从创建至今有10余年，其中大兴、顺义、通州等区也有大面积大棚、简易温室等，存在设施陈旧、温室温光性能不达标、外覆盖材料的保温性差等问题，急需更新换代。一些乡镇对设施蔬菜发展存在盲目性，注重硬件建设投入和设施面积的扩增，但对实际生产成本和技术能力估计不足，出现设施不生产反而比生产赔得少的现象，使得部分棚室设施处于闲置状态。另外，远郊区蔬菜采后运输距离远，设施蔬菜生产场地的水、电、路、冷藏车和冷库等附属设施设备也存在配套不足的问题，使得温室、大棚建成后不能投入生产，蔬菜采收后只能在地头销售，价格大

打折扣。例如，延庆区虽然具有生产高品质蔬菜的区位优势和生态条件，但冬天生产量少，设施利用率低，周年供应难以实现。

### (三) 设施蔬菜产业发展软实力不强，生产效率难提升

一是设施农业劳动力老龄化问题突出。据调研，园区建设和管理者大多不懂技术，而多数一线种植户年龄在60岁以上，且后继乏人。这些农户文化水平偏低，很难掌握复杂的设施蔬菜生产技术，设施高产栽培仍靠传统种植经验引领。不同品种蔬菜种植方式与技术存在较大差异，对技术员水平要求高，产业现有效益难以吸引和留住年轻人才。二是设施蔬菜种植管理技术跟不上。扩大设施蔬菜种植面积，必然要将一部分粮田转为菜田。而设施栽培技术比种粮食复杂得多，且对种植经验要求较高，没有相当时间的历练，难以掌握，更不能高产高效。调研显示，农户由于设施蔬菜茬口安排技术缺乏，没有合理搭配设施与露地蔬菜采收时间，设施蔬菜生产优势无法凸显，甚至出现了亏损。三是设施机械化率不高。目前，北京设施农业中的播种、育苗、移栽等工序可以实现机械化，管理、收获、包装、运输等作业的自动化机械均处于试验研究或者示范推广阶段。北京市蔬菜生产农机化率仅为36%，远低于一般作物生产95%以上的机械化率平均水平。

### (四) 设施蔬菜生产规范性不足，产业链协作水平不高

北京设施蔬菜以散户种植为主，其中超1/3的棚室转租为外埠农民承包，这部分农户种植品种结构不统一，生产的组织化、规模化、标准化程度不高，产业链延伸拓展受限。从产业链协作水平看，产前蔬菜集约化育苗服务能力不足。例如，延庆区蔬菜种苗年需求量为7 500万株左右，本地育苗场供苗能力不足30%。产中蔬菜病虫害防治的专业化服务公司尚处于起步阶段。社会化服务组织能力不强，服务队伍年轻，专业技术、实践经验及与农户沟通技巧欠缺。产后从事蔬菜生鲜存储、加工鲜切、包装流通、

冷链物流等关联产业的企业不多，蔬菜主要销售方式是批发市场及中间商，社区团购、订单销售、电子商务等新型销售方式采用率较低。

## 三、北京设施蔬菜产业集群发展战略分析

### （一）基于北京生产空间有限特点，要优化设施蔬菜产业集群布局

由于北京土地资源、水资源紧缺等原因，可供蔬菜生产的面积受限，在有限的空间内提高蔬菜产业集群显示度，需做好设施蔬菜产业集群建设的顶层设计。一是明确北京产业集群建设定位和目标。坚持首都特色、区域协同、示范全国的原则，将北京设施蔬菜产业集群打造成高质量蔬菜供给基地、北方地区设施蔬菜生产"样板"。二是打造产业集群核心区和增长极。以北京设施蔬菜传统种植区为核心区，充分发挥示范园、专业镇、专业村等增长极带动作用，由点带面，推进园镇村一体化发展，带动周边设施蔬菜生产从传统经营方式向绿色安全生产、高效管理等现代化经营方式转变。三是打造产业集群的辐射区。近年来，北京已经形成了较为完备的外埠蔬菜供给市场化体系，如打造环京"1小时物流圈"和30万亩外埠蔬菜生产基地，成功探索了产业协同发展模式和利益分享机制，这部分区域是产业集群核心区企业产业链延伸部分，也是聚集效益和创新效益的溢出区域，将成为产业集群建设重要支撑。

### （二）基于北京生产高成本限制，要运用节本增效措施确保蔬菜生产可持续

北京本地蔬菜生产面临着规模效益差、单位劳动力比较效益低、劳动强度高等问题，要求北京设施蔬菜产业集群建设应围绕节本增效的目标，发挥设施农业知识与技术高度密集的产业特征。一是采取节约成本措施。例如，改善种苗质量，提高产品的抗病性和质量，减少在相关种植技术上

的技术采用成本。探索高效种植模式，研发专门用于温室内果类蔬菜的植保机械，提高温室设施设备的智能化和自动化生产技术水平。二是提高生产效率。提高设施生产标准化、规范化种植管理效率，将更多的技术集结于蔬菜生产的全过程，突破自然条件对蔬菜生产的制约，通过调控生产投入、进行科技干预，掌握调控蔬菜产能的主动权。三是挖掘农业生产多功能性。变革只生产初级农产品的生产模式，推动设施蔬菜的生产、生活、生态和示范等多种功能融合发展，提升设施蔬菜生产附加值。

### (三) 基于鲜活蔬菜产品特点，要重视全产业链和服务体系建设

首都大市场优势及设施蔬菜产品的鲜活、种类多的特性，要求尽量缩短供需间隔，因此，要重视产品供应链建设。一是突出产后带动能力。尤其发挥具有销售能力的企业对设施蔬菜生产基地的纵向带动作用，倒逼设施蔬菜生产品种更新、绿色生产技术运用、产品加工水平提升等规范高质量发展；通过不同企业之间的横向关联，促进相互沟通与信息交流，提升集群内部企业的持续创新力。二是重视社会化服务体系建设。设施蔬菜生产能力建设，离不开专业化的现代服务体系与之配合。专业化服务是将信息、金融、科技等现代要素纳入现代产业链的重要途径，是营造共生性、合作网络的设施蔬菜产业集群发展生态环境必不可少的重要内容。

## 四、推进北京设施蔬菜产业集群建设的几点建议

### (一) 优化空间布局，重塑产业集群发展新格局

在宏观区域布局上，结合北京市区域功能定位与比较优势，合理布局农业产业结构。重点发展大兴、顺义和通州等蔬菜产业优势区，强化蔬菜产业地理聚集效应，继续弱化海淀、丰台和朝阳等区域的蔬菜生产供给功能，提高该区域的休闲旅游、人文绿色和科技示范的服务功能，稳定延庆、

昌平和怀柔等北京西北部区域的蔬菜生产基本保有量。在产业集群内部布局上，北京市还应立足南菜园、北菜园和东厢菜园三个传统蔬菜产区，以农业科技创新示范区、农业科技小镇、现代农业产业园等现代农业建设为载体，打造若干个设施蔬菜"专业镇、专业村、百亩园"等，将其作为产业集群建设的增长极。重点开展设施蔬菜产业高新技术、现代化装备、优良品种展示，推动设施蔬菜生产与加工流通和农业休闲旅游融合发展模式，为周边产业发展做好示范和经验总结。加强京津冀农业产业协作，利用环京资源，建设一批外埠菜篮子产品生产基地，完善协作机制。

### （二）增强科技源头供给，为产业发展提供新动力

发挥北京科技资源集聚优势，围绕设施蔬菜产业集群建设，构建相对完善的协同创新网络，增加科技源头供给能力建设，为产业发展提供持续动力。一是加强设施蔬菜产业关键技术研发。以北京市蔬菜产业创新团队为依托，组织科研专家及企业技术人员，组建设施蔬菜生产的产前、产中、产后技术攻关团队。围绕北方地区设施蔬菜高产优质品种选育、高产高效栽培技术研究、温室设计和配套装备引进及研发、产后贮运及保鲜技术研究等蔬菜生产关键环节，系统梳理瓶颈技术问题，制定设施蔬菜产业集群发展技术研究清单，组织实施一批核心技术攻关项目。二是加大技术推广力度。鼓励科研院所、推广机构、相关企业围绕高效设施开展自主创新和成果转化。充分利用企业的快速复制和创新能力，加快种业、专业化资材、设备、关键技术的成果转化。三是建立政产学研融合发展长效机制。发挥北京设施农业科技服务联盟作用，集聚北京市领域单位，组织各类产业链对接活动，推动政产学研合作。通过举办大型设施蔬菜行业各类活动，包括研讨会、观摩会等，提升北京设施蔬菜产业集群建设的显示度。

### （三）提升营商软硬件环境，筑牢产业发展新根基

以市场为导向，提升蔬菜生产基础设施水平，打造一批稳定生产基地，

创新全产业链营销模式,满足北京市民对绿色、安全、优质农产品需求。一是提升设施蔬菜硬件水平。因地制宜采用新技术对原有老旧设施升级改造,全面提升温室结构和环境调控性能。新建设施尽量以经济实用的大棚和日光温室为主,减少大型连栋温室投入。北方地区日光温室越冬生产管理技术难度大、成本高,建议新入行农户从大棚蔬菜种植做起。二是推进一批设施蔬菜生产基地建设。以产业化龙头企业和农民专业合作社示范社为重点,提升蔬菜生产基地规模化、标准化、商品化生产水平,打造一批设施设备完善、生产技术先进、管理标准化的蔬菜生产基地,发挥示范引领作用。三是打造全产业链营销模式。发展"农超对接""农餐对接"等直销新模式,鼓励设施蔬菜生产基地、农民合作社、农产品批发市场与社区菜市场、大型连锁超市、酒店餐厅、企业食堂等建立合作关系、提高蔬菜零售网络组织化、规模化水平。四是推进设施蔬菜产业融合发展。开展"设施蔬菜生产+"互联网、旅游、会展、科普教育等活动,提高设施蔬菜产业附加值。

## (四) 培育社会化专业服务主体,为产业发展提供新支撑

按照主体多元、功能互补、竞争充分、融合发展的原则,培育多元化、专业化、社会化服务主体。一是促进公益性服务和经营性服务融合。经营性服务主体重点拓展农资供应服务、农业废弃物资源化处理、农产品加工销售等业务;以政府为代表的公益性服务主体承担农业技术推广、农业融资保险、农产品质量安全监管认证等外部性较强业务。二是积极拓展设施蔬菜产业社会化服务领域,实现产业链全过程服务。产前加强设施栽培品种采购、种苗繁育、专业化移栽、生产设施建设和维修服务等,产中加强蔬菜生产废弃物处理、病虫害专业化统防统治、设施生产专业化农机具作业服务等,培育专业化技术服务组织,提供全程化托管服务。产后培育具有一定规模的蔬菜采后处理及冷链物流服务主体,探索开展专业化品牌推介和电子商务、农业保险等,构建设施蔬菜生产营销服务体系与金融服务体系。

## 参考文献

李瑾，韩瑞娟，2015. 北京市设施蔬菜产业发展及对策 [J]. 北方园艺（4）：170-174.

陆萍，陈晓慧，2015. 农业产业集群概念辨析、演化特点与发展对策 [J]. 农业现代化研究，36（4）：575-579.

吕超，周应恒，2011. 我国农业产业集聚与农业经济增长的实证研究：基于蔬菜产业的检验和分析 [J]. 南京农业大学学报（社会科学版），11（2）：72-78.

罗玲，田振，张启森，等，2018. 基于产业组织范式的北京蔬菜产业研究 [J]. 北方园艺（6）：160-164.

马晓春，2020. 北京市蔬菜产业发展困境与出路 [J]. 经济界（5）：14-18.

彭迅一，2019. 我国农业产业集群发展的困境与实现路径 [J]. 农业经济（2）：15-17.

许素琼，2013. 农业产业集群的形成机理及发展对策：四川省南充市的实证分析 [J]. 农村经济（8）：55-58.

赵姜，龚晶，孟鹤，2015. 北京设施农业发展问题研究 [J]. 经济研究参考（57）：65-70.

# 报告3　数字农业基本特征和问题分析

目前，我国大部分地区仍旧采用传统的农耕方式，对耕地资源及机械资源利用不足。依赖人力进行农耕，难以形成整体性的数字管理，不利于提高农业产业的效率，限制了农业产业的发展。农业科技资源是农业科技创新和农村经济发展的重要战略资源，农业科技资源的开发与利用，是农业信息化发展面临的重要问题。

## 一、数字农业概述

### （一）数字农业基本概念

数字农业是一项综合性非常强的农业经营模式，它融合了计算机技术、全球地理系统、信息网络技术、自动化技术、遥感系统、全球定位等高科技技术。实现数字化农业，可以提高耕地利用率、节省人力，促进农业产业高质量发展。数字农业能够实现对农作物生长及土壤变化的实时监测，能够及时知悉农作物病虫害及缺水缺肥问题。数字农业系统还能够利用数字技术对农业生产的整个过程进行模拟，通过模拟计算出最合适的种植方式和管理方式，有助于降低成本，提高土地资源利用率，提高农作物的质量与产量，促进农业生产进一步发展。总的来说，数字农业就是数字技术与现代化农业技术的结合。

我国在数字农业运用方面取得了一定的成果，如山东省和广东省等应用数字农业取得了良好的成果：实现了农产品公开化、透明化的产销精准对接，为构建更加完善的农产品销售渠道提供了技术支持；在多年的发展过程中解决了"谁来种地，怎么种地"的问题，将大数据及人工技术等转化为知识数据，为职业农民的发展提供了现代化技术支持，化解了农业生产经营及管理方面的问题，加快了农业现代化的步伐。

### （二）数字农业应用场景分析

随着社会和经济的发展，对农业产业提出了更高的要求，数字农业势在必行。现阶段，数字农业主要有6种模式。

#### 1. 农业智慧园

现代化的农业智慧园其主要核心是将现代信息技术与农业生产进行深度融合，利用现代化信息技术实现传统农业的改革与创新。这一模式促进了物联网在农业生产中的应用，通过"互联网+"与农业生产、经营、管理、服务等功能相互融合，促进新业态农业发展，实现农业产业的增效提质。

#### 2. 农业区块链

区块链指的是链式的数据结构，将数据块以时间发生顺序进行连接。同时，应用了密码学技术，保证该数据结构不会被伪造和篡改，具备较高的安全性。此技术在农业中的应用被称为农业区块链。

#### 3. 无人机农业

无人机农业模式是现代技术在农业中的典型运用。无人机是一种无人驾驶的飞行器，操作人员下达指令后，无人机可以根据指令进行种子播种、药剂喷洒等工作。采用无人机农业模式进行农业作业，能够减少人力成本的投入，提升农业生产和管理效率。

### 4. 农业气象管理

农业气象管理指的是利用现代化信息设备，对当地环境的风速、湿度、温度及气压等气象因素进行检测、记录和储存，并检测土壤的含水量。可以根据气象数据对农业生产工作进行提前计划与及时调整。

### 5. 数字农贷

数字农贷模式是一种支持农业发展的金融服务。以某电商金融服务为例，农贷具有无须担保和免抵押的优势，在农业生产过程中，平台会通过数字技术精准地进行定时、定量资金投放，同时，平台还会帮助农民进行风险管理。

### 6. 精准农业

精准农业模式指的是以最小的农业操作单元为单位，精确计算出产量与化肥、农药、种子等投入之间的比例，对农业措施进行精细调整，实现产量及收益最大化。

## 二、数字农业基本特征

### （一）以物联网系统为载体

数字农业是建立在现代信息技术、网络技术等基础之上的现代化农业生产、经营、管理、服务等模式，它的基本特征之一是以物联网系统为载体。通过"互联网+"实现农业产业产量、质量及劳动效率的提高，如无人机在农业作业中的应用，区块链在农业管理中的应用，都体现了现代技术与农业生产有机结合。

### (二) 以农业数字资源为基本要素

数字农业的实现需要数字计算技术的大幅应用，不管是在农业生产中，还是在农业经营或管理中，数字计算技术都起到了重要的作用。例如，可以通过无人机、定位系统、云计算技术及传感器等高科技技术实现农业要素的收集，还可将其转化为农业模型，形成二进制数字便于计算机对其进行处理。在整个农业生产过程中，主要包括环境要素、生物要素、技术要素及社会经济要素等。在数字农业中可以利用数字技术模拟农作物从播种到收获的全过程，并根据此过程精确计算出种子、农药、化肥等资源的投入产出比，实现效益最大化。

### (三) 以数据驱动模型及算法为核心

要实现农业要素的数据化，则需利用信息技术对其进行处理，数据的采集、传输、存储、计算与分配等过程中都需要数据驱动模型及算法技术的支持，如此才能有效制定出农业资源数据化方案。此外，物联网农业系统的搭建离不开相关部门的决策支持，而这些决策应该是建立在准确的农业要素数据之上，所以数字农业汇总应以数据驱动模型及算法为核心。

### (四) 以精密数字技术为主要手段

数字化农业模式是一种新兴的农业模式，需要信息技术及计算技术的大力支持，在该模式中需要将农业要素转化为计算机能够处理的数据模式，因此对信息技术与数字技术较为依赖。要想提升农业产业的效率，就要对农业生产、经营及管理的各个环节进行精准的管控，做好农业生产的量化管理，这些都需要依赖精密数字技术。

## (五) 以优质优价农产品市场机制为依托

要想增加农业产业效益，光实现全产业链交易透明化是不够的，还需要优质优价的农产品市场机制作为依托，促使农场主动加入产业链条，降低流通环节成本，提高收益。

# 三、数字农业发展面临的问题

## (一) 数字农业数据技术运用率不佳

数字农业的关键技术就是农业数据技术，只有通过物联网接受和处理与整个农业产业链条相关的所有数据，才能对其中的每个环节进行精准的控制，提高农业产业链条的运营效率。但是从目前来看，我国已有的农业大数据平台，仍旧采用过去传统的方法和技术，设备采集到的数据较为落后，无法为农业产业进步提供支持。另外，农民普遍文化水平不高，对数字技术的应用并不熟悉，难以发挥大数据平台所具有的优势。因此，在数字农业管理中如何有效运用农业数据技术是一个比较关键的问题。

## (二) 物联网设备建设不足

数字化农业是依赖于信息网络技术与现代化的农业生产技术实现的，完善的物联网设备是其中关键一环，但目前我国物联网相关的基础设施建设在多种原因的影响下仍不完善。现代化设备成本过高，远超农民所能承受的范围。对于经营农场的农业生产方来说，不缺少购买设备的资金，但是我国以家庭为单位的农户占比达到98%，大部分的农业从业者没有足够的资金条件购置先进设备，影响了数字农业的开展，因此应当从政府层面加强对物联网设备建设与完善的扶持与引导。

## (三) 技术人员不足

要想发展数字农业，需要专业人才的支持，单纯依靠文化水平一般的农户难以实现数字农业发展。农户们对数字技术及信息技术的理解和掌握较慢，对数字模式的概念、内容及发展模式缺乏了解。数字化模式需要与物联网建立起紧密联系，但农户们大多不会使用物联网进行网上销售，也不懂包装和物流流程。因此，在完善物联网设备的同时，也需要物联网专业人才的支持。

## 四、结　论

数字农业的运用是我国农业产业未来的发展趋势，要促进数字农业的早日实现，就要从技术、管理模式及法律法规等方面着手提升农业产业效益。

## 参考文献

何婧，雷梦娇，2019. 数字科技时代的农业供应链金融发展特征与模式分析［J］. 农村金融研究（7）：33-37.

刘利科，任常青，2020. 农业数字供应链金融创新模式分析：以新希望"好养贷"为例［J］. 金融理论与实践（11）：113-118.

阮俊虎，刘天军，冯晓春，等，2020. 数字农业运营管理：关键问题、理论方法与示范工程［J］. 管理世界，36（8）：222-233.

汪旭晖，赵博，王新，2020. 数字农业模式创新研究：基于网易味央猪的案例［J］. 农业经济问题（8）：115-130.

# 报告4　可持续生计视角下易地搬迁村后续产业培育策略

易地搬迁通过村庄重建的方式让贫困人口提高生计能力、村庄获得可持续发展，是我国实施精准扶贫政策的重要措施之一，是消除贫困、打赢脱贫攻坚战的重要利器。而搬迁村后续产业培育与良性发展，则是搬迁群体实现持续稳定增收的根本途径。只有通过产业发展，将村民融入产业链条，分享产业发展红利，逐步提升搬迁村民的自我发展能力与内生动力，同时吸引在外村民返乡就业创业，才能真正实现村庄产业兴旺与村民生活富裕同步发展。因此，搬迁农户能否融入乡村产业，决定了搬迁助力村民增收的稳定性与长效性，关系到政策扶贫与乡村振兴的战略衔接。本研究对京郊20多个村搬迁农户的生计现状进行调查，选取几个典型搬迁村开展实例分析，研究村庄产业发展与搬迁农户就业增收之间的关系，据此提出促进搬迁农户生计可持续能力提升的村庄产业发展建议，以期为京郊搬迁村后续发展提供经验借鉴。

## 一、可持续生计理论及其在易地搬迁中的应用

### （一）可持续生计的理论内涵与分析框架

可持续生计是指在一定的谋生方式下，农户可以在不破坏生存环境的基础上，使得生存资本不断增长，具有可持续性的这一特性。可持续生计分析框架（Sustainable Livelihoods Approach，SLA）将生计资本划分为人力

资本（H）、自然资本（N）、物质资本（P）、金融资本（F）和社会资本（S）五种类型，描述了处于困境的人们可以运用所拥有的资产、权利来选择生计策略，寻找生计出路，从而实现可持续的生计；反映出农户生计资本结构、生计过程和生计目标之间的交互变化和相互作用，如图 4-1 所示。

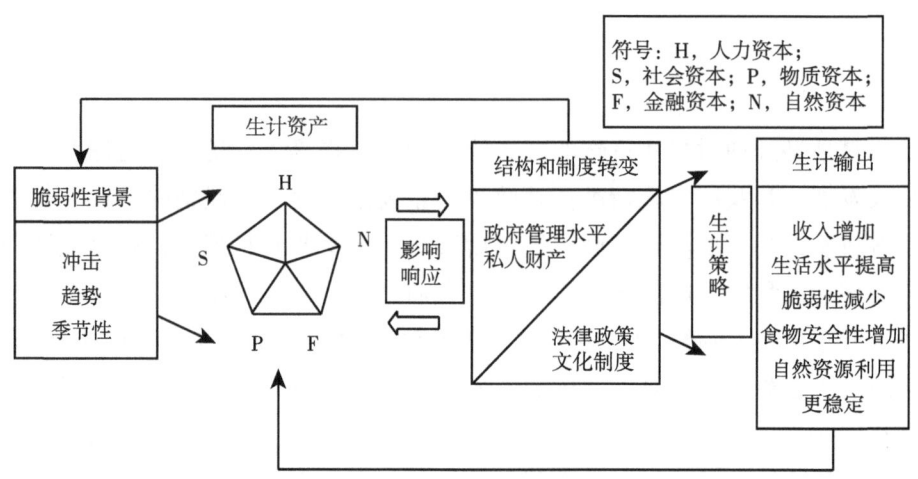

**图 4-1　英国国际发展署（DFID）可持续生计分析框架（SLA）**

SLA 框架所表现的内容是：结构和制度转变反馈到脆弱性背景，其中结构和制度产生的因素是造成脆弱性背景环境的原因，农户在整个脆弱性环境下谋求生计或生存。在这种脆弱性背景环境里，农户可以使用自己拥有的生计资本，同时环境也影响着农户为实现生计目标所采取的生计策略（拥有资本的配置和使用的方式）。生计资本与政策和制度相互影响，政策和制度能调节农户所拥有的生计资产，农户又根据政策和制度调节拥有的生计资本性质和状况，通过优化资本组合，最终选择生计策略的类型，输出生计结果实现生计目标（收入得到增加、生活水平提高、脆弱性减少以及食物安全增加）。输出的生计结果又反馈生计资产，改变生计资产的状况，影响资产性质。整个框架是封闭、动态、循环的，保障了农户可持续的生计。

## (二) 可持续生计理论在易地搬迁中的应用

随着易地扶贫搬迁政策的实施,国内学者对易地扶贫搬迁的研究渐成热点。研究主要集中在:易地扶贫搬迁政策的形成和演化过程;运用宏观调查数据总结易地扶贫搬迁的基本现状、分析存在的问题并提出合理化的建议;采用定量与定性指标相结合的方法考察移民搬迁综合效果等。其中,易地扶贫搬迁政策的实施效果是学界重点关注的议题。大部分学者认为易地扶贫搬迁对经济、社会和生态等方面产生积极作用,如能从根本上消除贫困、提升移民农户的经济水平、加快贫困人口自我发展等。但也有部分学者认为易地搬迁会产生负面效应。实施易地搬迁后,生产方式、资源分配等方面存在不合理性,其经济效益不甚显著,还可能对安置地生态环境造成破坏。评价易地扶贫搬迁的效果意义显著,农户参与搬迁后生计现状如何?可持续减贫成效如何?这些问题都需要开展客观的评价来监测其扶贫效果。

可持续生计理论应用于易地扶贫搬迁中,需要考虑五个方面的因素:一是脆弱性环境,即指村民生存所处的脆弱性环境;二是生计资本,即村民自身拥有的资产和技能;三是结构和制度转变,即对生计产生影响的政策结构以及其完善的过程;四是生计策略,即村民根据自身的资产和技能,所能够做出的提升生计水平的行为组合;五是生计输出,即村民采取的生计策略所产生的生计结果,也是指他们追求美好生活的目标(表4-1)。

表4-1 SLA框架的组成部分及其主要指标内容

| SLA框架组成 | 指标内容 |
| --- | --- |
| 脆弱性环境 | 地震、台风、旱涝等自然灾害冲击;高失业率、家畜农作物病害及人类疾病等突发性的天灾人祸;资源、生态环境、科学技术、商品市场和经济全球化等趋势;就业机会、价格波动规律等 |

(续表)

| SLA 框架组成 | | 指标内容 |
|---|---|---|
| 生计资本 | 人力资本 | 教育及文化知识、劳动技能、家庭人数、健康状况、劳动力等 |
| | 社会资本 | 邻里关系、亲戚朋友、信任与互助、机构与组织、诉求、参与机制等社会关系 |
| | 金融资本 | 银行储蓄、借贷、工资、财产收入、养老金及其他补助等 |
| | 物质资本 | 住房、道路交通、饮水、通信及能源等基础设施；设备、生产工具等生产资料 |
| | 自然资本 | 耕地、森林、水产品、水资源、动植物、矿产资源、生物多样性、环境服务 |
| 结构和制度转变 | | 政府、国际机构等推广的政策和制度；NGO、政府组织或团体、法律、金融、企业及党政机构等实施的措施；性别、教育、制度、政府决策等过程因素 |
| 生计策略 | | 生产、消费、投资、迁徙、生育等活动 |
| 生计输出 | | 提高收入、生活水平，减少脆弱性，自然资源利用更稳定 |

### 1. 生计资本

自然资本是指农户拥有自然资源的量，是农户生计赖以生存的资源。可以分成两大部分，一部分是无形的公共资本，如空气、生态环境；另一部分是有形的称为生产资本，如耕地、水资源。脆弱性背景和自然资本联系最为密切，脆弱性强的环境自然资本明显弱。

物质资本是农户用于谋生的基础设施及建立的公共服务体系（如道路交通、通信）和用于生产的生产资料（维持生计所使用的设备、设施），这项资本的拥有量反映农户的生产力水平。

金融资本是农户在谋生时所拥有，并能在消费以及生产中运用的金融资源，具体是指金钱，来源主要由存量和流入两部分组成。

人力资本是五个资本中最为重要的资本，决定着其他资本的合理运用，主要包括劳动人口数量、文化水平以及人的健康状况。

社会资本是人们在维持生计的过程中能应用的社会资源，这种资源由社会组织以及社会关系网构成，对增强人与人之间的合作、信任起着重要作用。其中，社会资本与框架的结构和制度转变部分联系紧密，结构和制度转变的组织、社会关系的外部环境产生农户所拥有的社会资本，两者之间的关系相互影响。

### 2. 结构和制度转变

结构和制度转变是指政府为了实现农户生计目标制定的政策、立法和实施机构。结构包括政府组织、NGO以及私人部门等,这些部门可以制定政策、法律,具有抵御脆弱性背景下生计风险的能力,保障农户生计目标实现。制度转变反映着结构和农户之间相互作用的关系,是与生计有关的制度、文化、政策等。

### 3. 生计策略

生计策略是指农户运用自身所拥有的生计资本进行优化组合选择生计方式,如生产策略、投资活动等。受外部环境因素的影响,生计策略处于动态变化中。要实现农民可持续的生计,采取多元化的生计策略是实现生计目标的重要切入点。

### 4. 生计输出

生计输出就是农户采取的生计策略所产生的结果,或者说农户生计目标的实现。

## 二、京郊易地搬迁农户生计现状

北京市从2004年开始启动实施远郊山区地质灾害易发区及生存条件恶劣地区的易地搬迁工程,经过近二十年的建设,村庄获得了新发展,村民的生活也发生了翻天覆地的变化,农户家庭的生计资本和生计策略也相应发生了改变。

## (一) 生计资本发生变化

农户拥有的自然资产,主要包括其承包经营的土地、林地、宅基地及其上的各类附属物,以及用于灌溉和生活的水资源。搬迁前后农户拥有的土地、林地、水资源等自然资产变化不大,部分农户家庭的宅基地面积发生了较大变化。搬迁前,农户生计主要是以农业生产为主的生计活动,对自然资本依赖性较高。搬迁后,对于开展了民俗旅游及民宿经营的农户,对自然资本的依赖度更高了;对于以外出务工为主的农户,自然资本依赖度较低。

物质资产主要包括农户居住的住房以及用于家禽饲养所用的圈舍,用于土地耕种所用的各种各样的农业机械和其他生产工具,是从事农耕生计的重要物质资产。搬迁后农户家庭住房的价值远远高于搬迁前,饲养家禽的圈舍基本已经舍弃,农业机械及其他生产工具有所减少,私家车、农用车大量增加;总体来说,农户家庭的物质资本大幅增加了。

在金融资产方面,农户家庭因为盖房所致银行储蓄减少,搬迁后工资、养老金和其他补助性收入有所增加,部分农户经营性收入大幅增加。因此,不同地区、不同搬迁农户之间的金融资产差异较大。

在人力资产方面,随着年轻人通过升学、就业等方式入城,远郊农户家庭人口结构日趋老龄化,人口的老龄化也使得村民健康水平下降;同时,村民依然存在受教育水平普遍偏低的问题;区、乡镇每年开展多次各类技能培训,村内劳动力的劳动技能有较大提升。

在社会资产方面,绝大多数易地搬迁农户依然住在原有的村庄内,原有的社会关系在物理区域上没有被人为隔离,甚至因为集中居住使得彼此间的互动交往更为方便;搬迁后村民的生活环境更好,民生更有保障,邻里关系也更融洽了。

总体来说,搬迁后农户家庭的生计资本有所增加,尤其是物质资产和社会资产明显增加,但是不同区、不同村之间,以及不同农户家庭之间的生计资本差异依然非常大,农户家庭因资产差异而选择的生计策略也存在很大不同。

## （二）生计策略明显改变

当农户生计处于脆弱性环境中时，农户所采取的生计策略取决于自身拥有的生计资本的总体状况，因此，生计资本是农户选择不同的生计策略、获得积极的生计成果、维护生计安全的必要条件。对易地搬迁村的长期跟踪监测表明，搬迁前后村民的生计策略发生了较大变化。在研究中，初步将生计策略按照生产要素分配和收入来源划分为非劳动力收入主导型、农业收入主导型、务工收入主导型、兼业型。

搬迁前，村民的主要生计策略是农业收入主导型，包括种地、种植林果、蔬菜、村内保洁员，以及外出务工等。由于村民受教育水平普遍较低，外出务工又以出租、物业、家政、建筑施工队为主。在村内及其周边企业务工多以临时工或者短工为主，按天结算工资，收入稳定性低。

搬迁后，村民采用的生计策略更为复杂，其收入来源主要包括村内公益岗、特色种植、民宿和民宿经营、村内企业务工、外出务工等；兼业型农户明显增多，农业收入主导型农户占比较少。年轻人仍多以外出务工为主，50岁以上的劳动力倾向于在村内或者周边务工；开展了民俗旅游和民宿经营的搬迁村，村民在村就业创业的比重较大；搬迁村内有景区或企业，能够吸纳较多劳动力就业。搬迁后村庄大力推行退耕还林、封山育林、荒山造林等生态保育措施，很多村民原有的山地山林实现了退耕，由此增加了较多的生态公益岗位，有的搬迁村每户都有生态管护员，每月可以获取650~1 200元不等的工资；加上村庄"八大员"、保洁员等，基本解决了在村劳动力就业的问题。同时，养老金、生态补偿金、土地租赁收益、集体经济收益分红等非劳动力收入大幅增加。

可见，搬迁前从事农业生产是村民采取的主要生计策略，农业收入是家庭收入的主要来源；搬迁后，非农业从业比例显著增加，采取农业与非农业活动兼具的方式来维持生计的兼业型农户比例也有小幅增加。除纯农型外，非农型和兼业型农户在搬迁后收入都显著增加；兼业型农户收入较高,家庭生计策略优势最大,应对生计风险的能力也最强(表4-2)。

表4-2 部分易地搬迁村村民主要就业方式及在本村就业比例

| 所属区 | 搬迁村 | 主要就业方向 | 农村劳动力在本村就业比例(%) |
| --- | --- | --- | --- |
| 怀柔区 | 北辛店村 | 公益岗、外出务工、中草药种植 | 67 |
| 怀柔区 | 长岭沟门村 | 公益岗、外出务工、林果种植 | 53 |
| 怀柔区 | 崎峰茶村 | 民俗、公益岗、外村务工 | 50 |
| 怀柔区 | 转年村 | 外出务工、农业种植、公益岗 | 32 |
| 怀柔区 | 小黄塘村 | 外出务工、公益岗、民宿 | 53 |
| 怀柔区 | 铁矿峪村 | 外出务工、公益岗 | 62 |
| 门头沟区 | 炭厂村 | 民俗、村内企业上班、公益岗 | >90 |
| 门头沟区 | 塔河村 | 中草药种植、民俗旅游、外出务工 | 25 |
| 门头沟区 | 柏峪村 | 外出务工、民俗、公益岗 | 30 |
| 门头沟区 | 韭园村 | 林果种植、民俗 | 73 |
| 门头沟区 | 洪水口村 | 民俗、景区、公益岗 | >90 |
| 门头沟区 | 淤白村 | 公益岗、外出务工 | 20 |
| 平谷区 | 桃园村 | 林果销售、种植 | >90 |
| 平谷区 | 北水峪村 | 林果种植 | 57 |
| 平谷区 | 关上村 | 林果种植、外出务工 | 50 |
| 密云区 | 石洞子村 | 民俗、公益岗、外出务工 | 40 |
| 密云区 | 冯家峪村 | 公益岗、商业服务、外出务工 | 50 |
| 密云区 | 古北口村 | 民俗旅游、公益岗 | 70 |
| 密云区 | 南达峪村 | 公益岗、种地 | 29 |
| 密云区 | 苏家峪村 | 公益岗、种地 | 50 |
| 密云区 | 尖岩村 | 民俗旅游服务 | 90 |
| 延庆区 | 大吉祥村 | 民俗、外出务工、本村务工 | 50 |
| 延庆区 | 窑湾村 | 民俗、本村务工、公益岗、外出务工 | 55 |
| 延庆区 | 里长沟村 | 公益岗、外出务工 | 33 |
| 延庆区 | 山底下村 | 外出务工、公益岗、苹果 | 38 |
| 房山区 | 黄山店村 | 民俗旅游 | >90 |

## （三）村庄产业发展对农户生计选择影响深远

2004—2012 年实施易地搬迁的 14 个村都发展成了民俗旅游专业村；2013—2017 年实施易地搬迁的 46 个村中，有 37 个村已经确定了以发展民俗旅游业为村庄主导产业，有 17 个村已经成立了民俗旅游专业合作社；2018 年以后实施搬迁的村绝大多数规划以民俗旅游为村庄主导产业，有部分村已开展民俗旅游经营。村庄产业的发展极大地促进了村民回村就业、创业，也改变了村民的生计方式（图 4-2）。

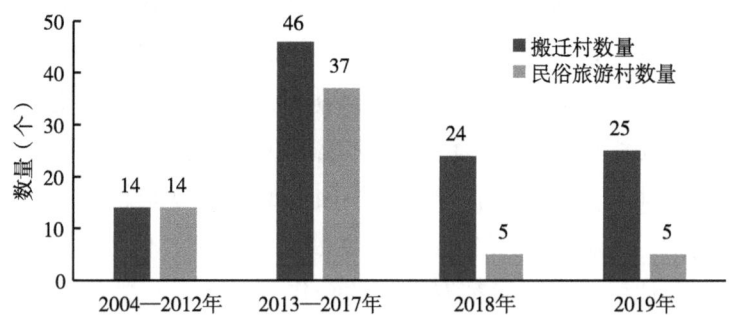

**图 4-2 不同阶段易地搬迁村发展民俗旅游业的总体情况**

以门头沟区塔河村和洪水口村两个村为例开展对比分析。两个村自然环境条件近似，生活环境近似，村民家庭人口结构近似；但村庄旅游资源差异较大，新村规划差异较大，开展农家乐、民宿经营时间差异较大。洪水口村劳动力在村就业率高达 90%，只有少数村民因为孩子读书在门头沟区就业；塔河村劳动力当前在村就业率不到 30%，随着百花山旅游的兴起，陆续有村民回村经营民宿和民俗旅游。洪水口村村民 D 家老两口自 2016 年新村建成以来一直从事农家乐经营，家里有一栋楼做民宿接待，另有一栋临街的楼做餐饮接待，现在家庭农家乐年收入超过 20 万元，家庭总资产超过 220 万元；其儿子、儿媳在门头沟区务工，现拟回家一起开展民宿经营。塔河村村民 W 与妻子、儿子、儿媳共同生活在村内，分别从事保洁员、公路养护员等职业，现家庭年收入 7.3 万元，主要来源于公益岗工资和村周边务工等；2016 年新建了有 9 间房建筑面积超过 200 米$^2$ 的二层小楼，共投入 50.2 万元，自己出资 35 万元；现有家庭总资产约 57 万元。家庭计划开展民宿经营，每间客房定价 200 元/晚，提供早餐，游客可定制午餐和晚餐，民宿营业后，预计家庭年收入将增加近 10 万元，家庭经济状况将大大改善。

大吉祥村与洪水口村和塔河村稍有不同，搬迁前村庄底子薄、经济基础薄弱，村民老宅大多非常破旧；村庄周边没有知名的景区，但是自然风光也非常秀美，四海镇打造的"四季花海"景区就在村庄附近。2016 年，大吉祥村与北京大地风景公司签署了"共生社区"合作协议，打造了猫叔农场、猫公馆、大树与猫民宿等共同发展项目，在村集体和企业共同蓬勃发展的同时，有效地带动了村民共同发展民宿和民俗旅游经营。搬迁户 P 以前是司机，2019 年新建了 230 米$^2$ 7 间房的新宅开始经营民宿，年收入从搬迁前的 7 万元增加至 16.6 万元；现有家庭总资产近 300 万元，主要是房屋资产大额增加了。随着大吉祥村民俗旅游的名气越来越大，P 家的收入还会继续增加。大树与猫民宿是村庄发展的领头羊，他们团队与村集体、村民及村内其他民宿经营者都有良好的合作，当大树与猫的民宿订满的时候，他们会推荐游客到村内其他条件好的民宿居住。调研表明，村内越来越多的村民想参与民宿经营，未来几年在外务工的年轻村民也将陆续返村开展民宿和旅游经营，村庄产业的发展很好地促进了村民生计可持续发展（表 4-3）。

表 4-3　洪水口村、塔河村和大吉祥村搬迁户生计状况比较

| 类别 | 一级指标 | 二级指标 | 洪水口村搬迁户 | 塔河村搬迁户 | 大吉祥村搬迁户 |
|---|---|---|---|---|---|
| 生计资本 | 自然资本 | 耕地面积（亩） | 0 | 1 | 0 |
| | | 耕地质量 | 贫瘠 | 较好 | 好 |
| | | 生态补贴林地面积（亩） | 2 | 0 | 0 |
| | 物质资本 | 房屋资产额（万元） | 100 | 50 | 240 |
| | | 家庭耐用品资产总额（万元） | 20 | 5 | 10 |

（续表）

| 类别 | 一级指标 | 二级指标 | 洪水口村搬迁户 | 塔河村搬迁户 | 大吉祥村搬迁户 |
|---|---|---|---|---|---|
| 生计资本 | 社会资本 | 是否在行政机关任职 | 否 | 否 | 否 |
| | | 邻里关系 | 好 | 好 | 好 |
| | | 红白喜事支出 | 2 | 0.2 | 2 |
| | 金融资本 | 家庭年收入（万元） | 20 | 7.3 | 16.6 |
| | | 家庭存款（万元） | 100 | 5 | 30 |
| | | 家庭外债数额（万元） | 0 | 3 | 0 |
| | | 借贷款难易程度 | 非常容易 | 容易 | 容易 |
| | 人力资本 | 家庭劳动力数量 | 2 | 4 | 2 |
| | | 平均受教育程度 | 高中 | 初中 | 初中 |
| | | 接受技能培训的次数 | 0 | 0 | 0 |
| 生计策略 | | 纯农型，非农型，兼业型 | 非农型 | 兼农型 | 非农型 |
| 生计结果 | 经济水平 | 家庭总资产（万元） | 220 | 57 | 近300 |
| | | 家庭年总支出（万元） | 10 | 3 | 7 |
| | 自然环境 | 生态环境 | 非常好 | 好 | 好 |
| | | 生活环境 | 非常好 | 好 | 好 |

以上三个村都是偏远深山村，原有发展基础非常薄弱，通过易地搬迁新村建设，村庄基础设施极大改善，也为村庄产业发展奠定了基础。其中，洪水口村是村集体带领村民发展致富的典范，大吉祥村是村企合作增收致富的典范。这两个村之所以能带动全村致富，其根本原因是在产业发展中充分考虑了全体村民的利益，让利于民，谋求共同发展和共同富裕。例如，在大吉祥村，北京大地风景公司参与新村建设时与村民签订了20年共同发展协议，企业出资建房并经营20年，20年后房屋归村民所有；企业通过村集体流转了500亩土地兴建生态农场，优先雇用本村村民就业，年底再给村民按股分红；村民可以得到房屋租金、土地租金、工资、年底分红多项收入，其家庭年收入较搬迁前翻了几番。大吉祥村和洪水口村产业发展带动村民就业增收的模式，在北京远郊极具代表性，也是较为成功的发展模式。

### (四) 搬迁农户生计可持续能力依然较弱

易地扶贫搬迁促进了农户生计结果的整体优化，在搬迁户收入增加、经济水平提高的基础上，搬迁村整体环境质量得到改善，人居环境得到优化。但是，在生计可持续性方面仍然存在诸多问题。首先，搬迁村大都是远郊深山村，经济发展水平较低，劳动力受教育程度和整体素质普遍偏低，农户家庭收入的主要来源仍是务工和政府提供的生活保障性资金、公益岗工资等；自我发展意识不足，依赖政府帮扶，从而阻碍家庭发展。其次，生计策略的可持续性差，大多数村民仍以务零工为主，只有少数搬迁户从事小规模、中小成本的个体经营，生计方式单一。因此，仍应从多方位关注搬迁户生计可持续性问题，确保搬迁村民"搬得出、稳得住、能致富"。

## 三、促进村民可持续生计的村庄产业发展建议

易地搬迁促使农户生存背景和自身属性发生重大改变，村庄产业的转型发展也带给搬迁户重新选择生计策略的机会。产业发展尤其是乡村旅游业发展联农带农效益好的村庄，村民更愿意回村就业创业；农户参与村庄产业发展，在改善自身生计结果的同时也促进了乡村产业持续健康发展。因此，应高度重视村庄产业发展在促进村民生计转型上的重要作用，在产业发展中强调村民的参与及利益的合理分配，以提升村民生计可持续能力，进而促进村庄的繁荣稳定发展。据此提出以下几点建议。

一是加大带动益农产业链各环节促进就业政策扶持力度，高度重视搬迁之后的生计接续和产业赋能，通过庭院经济开发、扶贫岗位设置、低劳动强度种养及工商业扶持，推动未完全丧失劳动力甚至半（弱）劳动力为主的经济困难家庭有效融入乡村产业发展，获得可持续收益回报，降低搬迁之后生计脆弱性，缓释相对贫困。

二是精准开展搬迁农户的产业技能培训。结合搬迁之后的产业转型与

产业培育方向，瞄准搬迁农户技能需求，开展种养专业技能培训和企业经营知识培训，尤其是针对农户规模化种养中的难题，建立专业技术队伍入村指导与培训的长效机制。发挥龙头企业和产业组织主导功能，推动技能培训与就业、经营一体化，强化技能培训的市场导向与职业实效。

三是完善利益联结机制。建立和完善搬迁群众与不同带贫主体之间的利益联结机制，应结合"党支部+""优势资源+""特色产业+"等不同模式的发展经验，综合施策，使之形成紧密联结的产业共同体，最终实现"有经营主体、有特色产业、有要素入股、有群众参与、有分红收益"的目标。推动新型农业经营主体高质量发展。鼓励和引导产业经营者加入农民专业合作社，以利益为纽带依法进行生产经营，实现抱团发展。为经营主体提供土地流转、基础设施建设、农户培训等多方面支持，创新各主体之间的利益联结模式。

四是完善后续产业带贫益贫机制。加强龙头企业、村办企业和专业合作社的扶持培育，推广"企业+合作社+农户"等模式。积极引导搬迁群众以承包地、资金、资产等入股龙头企业或合作社，推广"保底收益+按股分红"运作模式，构建紧密的利益联结机制，化解搬迁群众产业发展的自然风险和市场风险。

五是加强项目资产收益使用管理。对各类资金投入形成的项目资产，采取"资产收益+带动就业"的模式，选择符合要求的经营主体，将扶持资金形成固定资产（基础设施和设备购置等）量化到村集体并进行分红，从而带动村集体和搬迁群众增加收入。

## 参考文献

李聪，高梦，李树茁，等，2021. 农户生计恢复力对多维贫困的影响：来自陕西易地扶贫搬迁地区的证据［J］. 中国人口·资源与环境，31（7）：150-160.

李昭楠，刘七军，2020. 易地搬迁农户家庭抵御风险能力影响因素研究：来自宁夏A村和B村的实地调查［J］. 北方民族大学学报，153

（3）：125-131.

任红梅，2022. 多元政策背景下乡村旅游地农户可持续生计研究［D］. 重庆：西南大学.

夏艳玲，2019. 易地扶贫搬迁移民的可持续生计研究：以广西巴马瑶族自治县为例［J］. 西南民族大学学报，40（9）：7-13.

徐方方，2018. 基于SLA框架下易地扶贫搬迁安置区农民可持续生计研究：以敦操乡富民社区为例［D］. 贵州：贵州大学.

张涛，张琦，2020. 易地扶贫搬迁后续就业减贫机制构建与路径优化［J］. 西北师大学报（社会科学版），57（4）：129-136.

# 报告5　北京市鲜食玉米产业高质量发展的路径研究

鲜食玉米具有高产值、高附加值的特点，是推动农产品向高质、高产、高效发展的重要抓手。鲜食玉米兼具粮、果、蔬三类食物的特征，种植时从种子到产品都有着严格的要求，能充分体现农业现代化发展水平。我国是全球最大的鲜食玉米生产国和消费国，2021年全国鲜食玉米种植面积达到151.27万公顷，市场消费量上升至600亿穗，鲜食玉米消费市场规模每年以20%的速度递增，未来3~5年鲜食玉米种植面积有望达到200万公顷。在鲜食玉米种植面积逐步扩大、育种技术逐渐提升的同时，农业提质导向的政策不断深入推进，鲜食玉米产业的高质量发展已成为必然趋势。北京作为发展都市型现代农业的典型城市，为践行新发展理念，落实农业"调转节"政策，深化农业供给侧结构性改革，鲜食玉米产业迎来了快速发展。《北京现代种业发展三年行动计划（2020—2022年）》提出重点推进特色玉米等十二大物种产业创新高质量发展，培育具有竞争力的优良品种、优质企业和优秀品牌。北京市作为国际科技创新中心，为北京鲜食玉米产业提供了强有力的支撑，极大地推动了鲜食玉米产业高质量发展。

为深入探究北京市鲜食玉米产业发展状况，现代农业产业技术体系北京市产业经济与政策创新团队（以下简称"团队"）赴北京市房山区、密云区、延庆区等鲜食玉米主要种植区域，分别对小农户、种植大户进行了实地调研。在此基础上，团队分析了北京市鲜食玉米种植规模、生产效益、技术进步、销售模式现状，剖析了鲜食玉米产业发展面临的主要问题，提出了相应对策建议，以期为北京市鲜食玉米产业高质量发展提供可行路径参考。

# 一、北京市鲜食玉米产业发展现状

## （一）种植规模

随着北京市农业结构调整，籽粒玉米种植面积大幅下调，鲜食玉米作为高产值、高附加值的新型替代作物有了较大发展空间。在北京地区，鲜食玉米以一年一茬或两茬栽培，京郊各区均有种植，种植区域分布不均匀。依据团队调研，2018年1月至2022年7月底，北京市鲜食玉米种植面积由2 040公顷增长至2 666.67公顷，年均增幅约7%。全市鲜食玉米种植面积约占本地玉米种植面积的6%，主产区为房山区、延庆区、密云区和顺义区，2022年4个区鲜食玉米播种面积占全市总播种面积的62%（图5-1）。其中，房山区鲜食玉米的种植面积年均保持在666.67公顷，位居全市第一。延庆区鲜食玉米种植面积以年均73.2%的增幅在扩种，是近5年来全市增幅速度最快区。此外，密云区、延庆区依托北部冷凉山区的气候条件，利用气温低、病虫害少的特点，以"北菜园""和合园"等现有品牌为核心，推进研发山区优质有机鲜食玉米品种，建设规模化的绿色有机生产基地，加强品牌规划，吸引、整合弱小品牌，扩大知名品牌市场差异化占有率和区域竞争力。

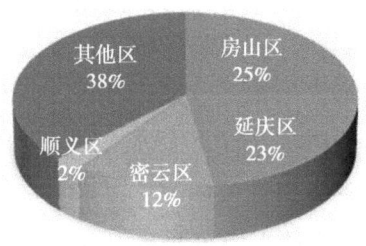

**图 5-1　2022年北京市鲜食玉米主产区播种面积占比**
数据来源：北京市产业经济与政策创新团队调研数据。

## （二）生产效益

鲜食玉米生产效益主要受品种、播期、种植密度、生产者经营水平和生产区域等因素的影响。北京市目前主推"抢早播种"模式，以解决鲜食玉米鲜果穗因集中上市，难以保证持续供应而导致效益低下问题。在该模式下，北京市鲜食玉米每公顷效益可提高1~2倍。根据调研，玉米种植成本主要包含农资成本、农机作业成本、人工成本和流转地租金成本4项费用。以顺义区鲜食玉米与籽粒玉米为例（表5-1），从农资成本看，受新冠疫情、俄乌冲突等多因素影响，2022年农资成本较2021年同比增长约22.02%。鲜食玉米每公顷总成本10 800元，籽粒玉米每公顷总成本3 159元。其中，鲜食玉米种子成本是籽粒玉米种子成本的3.07倍，化肥成本是籽粒玉米化肥成本的1.97倍，农药成本是籽粒玉米农药成本的2倍，且鲜食玉米还需支出农膜、滴灌带费用。从农机作业成本看，鲜食玉米（穗）每公顷总成本5 160元，鲜食玉米（公斤）每公顷总成本5 760元，籽粒玉米每公顷总成本2 261.1元。从人工成本看，鲜食玉米（穗）每公顷总成本12 750元，鲜食玉米（公斤）每公顷总成本6 750元，籽粒玉米每公顷总成本4 500元。鲜食玉米与籽粒玉米相比含水量高，收获机械化程度不足，机械手水平有限，因此鲜食玉米雇工需求量大，人工费用相对较高。从总收益看，鲜食玉米（穗）每公顷产量37 500个商品穗，售价约2元/穗，每公顷收益合计可达75 000元，平均净利润约37 290元；鲜食玉米（公斤）每公顷产量22 500公斤，售价约1.6元/公斤，每公顷收益合计可达36 000元，平均净利润约3 690元；籽粒玉米每公顷产量9 000公斤，售价约2.6元/公斤，每公顷收益合计可达23 400元，平均净利润约4 479.9元。在考虑家庭用工折价的情况下，鲜食玉米（穗）每公顷平均成本利润率是鲜食玉米（公斤）的8.66倍，是籽粒玉米的4.18倍。综上所述，每公顷鲜食玉米（穗）种植成本虽高于籽粒玉米，但由于售价较高，可实现高盈利，对农民增收具有较强促进作用（表5-1）。

表 5-1  2022 年顺义区鲜食玉米与籽粒玉米平均种植成本及收益情况

| 项目 | | 鲜食玉米（以穗形式销售） | 鲜食玉米（以公斤形式批发销售） | 籽粒玉米 |
| --- | --- | --- | --- | --- |
| 农资成本（元/公顷） | 种子 | 2 250 | 2 250 | 733.65 |
| | 化肥 | 4 050 | 4 050 | 2 052.15 |
| | 农药 | 750 | 750 | 373.2 |
| | 农膜 | 1 500 | 1 500 | 0 |
| | 滴灌带 | 2 250 | 2 250 | 0 |
| | 合计 | 10 800 | 10 800 | 3 159 |
| 农机作业成本（元/公顷） | 翻地、整地 | 1 050 | 1 050 | 773.25 |
| | 播种 | 585 | 585 | 402.15 |
| | 病虫害田间管理 | 1 125 | 1 125 | 135.3 |
| | 收割、运输、脱粒 | 2 400 | 3 000 | 950.4 |
| | 合计 | 5 160 | 5 760 | 2 261.1 |
| 人工成本（元/公顷） | 雇工费 | 6 750 | 2 250 | 0 |
| | 家庭用工折价 | 6 000 | 4 500 | 4 500 |
| | 合计 | 12 750 | 6 750 | 4 500 |
| 流转地租金成本（元/公顷） | | 9 000 | 9 000 | 9 000 |
| 成本合计（元/公顷） | | 37 710 | 32 310 | 18 920.1 |
| 产量（穗、公斤/公顷） | | 37 500 | 22 500 | 9 000 |
| 单价（元/公顷） | | 2 | 1.6 | 2.6 |
| 收益合计（元/公顷） | | 75 000 | 36 000 | 23 400 |
| 净利润（元/公顷） | | 37 290 | 3 690 | 4 479.9 |
| 不考虑家庭用工折价的净利润（元/公顷） | | 43 290 | 8 190 | 8 979.9 |
| 成本利润率（%） | | 98.89 | 11.42 | 23.68 |

数据来源：北京市产业经济与政策创新团队调研数据，下同。

## （三）技术推广情况

随着我国育种创新水平稳步提升，鲜食玉米国审品种数量已从 2002 年的 2 个增长至 2020 年的 292 个。其中，甜玉米国审品种 116 个，糯玉米

（含甜加糯）国审品种 176 个，分别占国审鲜食玉米总数的 39.28%、60.72%。2022 年北京延庆区、房山区、密云区等示范种植北京市农林科学院选育的新品种'农科糯336''农科玉368'，截至 2022 年 7 月底，约 60% 的种植户选择播种'农科糯336''农科玉368'。为提高育种创新水平，促进品种多样化，科研人员在注重消费者消费习惯的同时，将着眼于维生素 A 含量高且富含叶黄素黄糯品种的研发。

从鲜食玉米栽培技术看，北京市采用露地栽培、覆膜栽培、设施栽培等种植方式，分期播种，错期上市。例如，北京市房山区、密云区、延庆区等地采用深"V"覆膜播种技术，使鲜果穗持续 120 天以上供应。目前，房山、密云部分地区已实现鲜食玉米一年两茬种植，以保证 6 月底至 10 月上旬持续鲜果穗供应。为提高鲜食玉米品质，各区加强绿色安全防控技术示范推广工作。密云区针对'农科糯336''农科玉368''京白甜456''京白甜380'品种，研发专用除草剂"玉亿来"（苯唑草酮4%+莠去津38%），在'京白甜380'和'农科糯336'地块上开展了 3 期比较喷施示范。延庆区通过组建鲜食玉米特色产业技术支撑团队开展工作，从播种到收获期间根据不同地块制定不同指导方案，不定期聘请农业权威专家、本土专家、经纪人对种植户进行面对面培训。

针对鲜食玉米采后不易保鲜、不耐储运等问题，北京市农业技术推广站加快研究产后鲜储技术，明确了北京市高端鲜食玉米主要营养特性，掌握了不同温度贮存条件下 120 小时内鲜食玉米内在养分变化规律。为保果穗鲜度，农户一般选择在清晨或上午温度较低时采收，采收后及时销售或加工。

为进一步提升北京市鲜食玉米种业在全国的引领示范作用，2015 年起北京市连续举办了 8 届"鲜食玉米节"，策划了鲜食玉米新优品种推介、科普知识传播、线上论坛讲座等活动，向市民推介鲜食玉米优质品种、优秀生产基地、高质产品、优势销售模式。此外，北京鲜食玉米节在各区积极设立分会场，通过采摘活动吸引消费者走入京郊鲜食玉米种植基地。

## (四) 销售模式

北京市鲜食玉米基本以鲜果穗销售为主。目前主要有四种销售模式：订单销售模式、互联网销售模式（电商等）、休闲采摘模式、田间地头零售模式（表5-2）。

表5-2 销售模式比较

| 模式 | 优势 | 劣势 | 效益（元/穗） |
| --- | --- | --- | --- |
| 订单销售 | 成本低；效益高；时效性好；交易关系稳定；品质有保障 | 销售渠道窄 | 2~5 |
| 网络销售 | 时域性、高效性、个性化、售后保障提高；营销成本、技术降低；沟通渠道畅通 | 缺乏信任感、体验感；促销被动性加剧；价格愈发透明 | 5~8 |
| 休闲采摘 | 体验感、趣味性提高；售价高；节省劳动力；品质有保障；带动周边消费 | 产品易造成浪费；秧苗易受到破坏 | 5~10（当季）<br>1~3（促销） |
| 田间地头零售 | 现金流好；获客成本低；人工成本低 | 客源不固定；销售渠道窄；不易保鲜 | 0.8~1.5 |

订单销售模式，是在熟人关系网中打开的销售渠道。在该模式中，多数为点对点个性化定制直销服务，兼具成本低、效益高和时效性好三方面特点，最大限度保证了鲜食玉米的新鲜度和口感，能使市民购买到品质极佳的鲜食玉米。目前，房山区海东源生态农场、密云区泰民同丰农业公司和延庆区禾亩润丰生态农场在该模式下已形成了成熟稳定的销售渠道。其中，禾亩润丰生态农场与社区养老驿站达成订单合作意向，每年定向销售3500吨左右，年销售收入超过500万元。企业在该模式下稳定了商品销售渠道，极大提高了经济效益。

网络销售模式，是种植户通过微信小程序、直播带货、线上商铺以及农业网站售卖等线上平台进行农产品销售。这一模式增加了农产品认知度、拓宽了农产品销售渠道、降低了疫情防控影响。随着冷链物流的快速发展以及"互联网+"的广泛应用，网络销售模式已进入高速发展阶段，如延庆区王木营温室直播、密云区北京和合园种植业专业合作社网店、房山区北京康希水乡种植专业合作社网店等。其中，北京和合园种植业专业合作社在淘宝、微信商城成立"净鲜园"网店，不仅打破了鲜食玉米时域性，拓宽了受众群体，同时利用冷库应急储藏+农产品冷链物流+农产品运输绿色通道，缩短了鲜食玉米流通时间，很大程度上提升了农产品品质。该模式下，鲜食玉米售价可达5~8元/穗。

休闲采摘模式，集现代休闲农业与乡村旅游于一体，以趣味性高、参与性强受到消费者广泛青睐。延庆永宁镇南山健源园区探索建立了鲜食玉米休闲采摘模式，分别选择'农科糯336''农科玉368'进行4个播期。鲜食玉米在采摘旺盛期售价为5~10元/穗，在采摘末期售价为1~3元/穗不等。房山区海东源生态农场、北京康希水乡种植专业合作社积极打造农田景观，成片连方、整齐划一、不同播期的高矮结合，形成了较好的农业景观，通过与旅行社合作开启休闲采摘模式，同时以礼品装箱销售形式拓宽售卖渠道。

田间地头零售模式，对于大多数小农户存在销售渠道窄，运输条件、保鲜能力不足等问题，在保证鲜食玉米口感与新鲜度的前提下，多数通过在当地田间地头直接售卖来获得最高效益。这一模式下，鲜食玉米售价为0.8~1.5元/穗。

## 二、北京市鲜食玉米产业面临的主要问题

### （一）鲜食玉米产业发展定位不明确

一是支持政策不足。鲜食玉米食物属性多样，兼具粮、果、蔬三类特征，导致归属认定困难，享受的补贴政策模糊。产业经济创新团队在调研中了解到，目前北京市尚未出台针对鲜食玉米的补贴政策，各区对其执行的补贴政策各不相同。为鼓励农民种植，大多数区是参照粮食补贴相关政策执行的。二是本地供需存在较大缺口。据产业经济创新团队调研，北京市常住人口2 188万人，若人均年消费10穗鲜食玉米，全市年需求量将达

2.18亿穗。按照鲜食玉米每公顷产量37 500个商品穗计算，种植规模达到5 813.33公顷左右才可满足全市消费需求。因此，北京市鲜食玉米种植面积至少存在4 000公顷的发展空间。但由于北京市鲜食玉米产业定位不够明确，各区政府普遍担忧鲜食玉米与籽粒玉米争地，不敢大胆鼓励农户种植。因此，进一步明确鲜食玉米发展定位和目标，完善相关补贴政策，将有利于促进北京市鲜食玉米产业高质量发展。

## （二）鲜食玉米产业高质量发展技术有待提升

科技创新支撑引领产业高质量发展，是提高北京市鲜食玉米产业质量和效益的重要抓手。在品种选育方面，虽然北京科研育种具有鲜明优势，国内种植的鲜食玉米1/3为北京选育品种，但多为几年前的育种成果，且品种之间特性差异不大。如'农科玉368'在2014—2015年试验，2016年7月通过国审；'农科糯336'在2017—2018年试验，2020年4月通过国审，两者同为高叶酸甜加糯品种。在配套栽培技术方面，鲜食玉米对栽培技术要求更为苛刻。北京市鲜食玉米的生物防治技术未全面突破，且多数种植者对鲜食玉米的特性及栽培技术尚不能深入了解，存在栽培管理粗放、肥水药错用滥用、绿色有机生产意识欠缺等问题。在冷链储运保鲜方面，北京对鲜食玉米冷链物流方面的投入不足，大部分鲜食玉米种植户没有存储、冷链配送设施，只能即采即售，无法延长产业链。在机械化采收技术方面，国内外仍处于重点攻关研发阶段。现有机器多为普通玉米收获机改造所得。即便使用，也要求鲜食玉米的栽培模式与收获机器类型相互配套，否则采收破损率大。能够替代人工的机械化收获技术仍是影响鲜食玉米产业发展的重要问题。

## （三）鲜食玉米产业化程度不足

一是北京市对于农产品加工企业审批非常严格，鲜食玉米加工设备较难上马，无法借鉴我国黑龙江省采取的"农头工尾"推进鲜食玉米产业化发展的模式，导致种植户难以延长鲜食玉米的产业链。根据产业经济创新团队调研，受政策限制，京郊种植户多数将鲜食玉米运输到河北省加工后再返回北京市场销售。北京市亩均种植成本较河北省高出1 276.89元，导致比较效益低，区域竞争力不足。二是鲜食特点决定了必须重视产后销售渠道构建，通过产后"撬动"产前，这就要求鲜食玉米种植户须由企业、合作社、大户带动。根据产业经济创新团队调研，房山区鲜食玉米种植仍以散户居多，约占95.12%，种植品种多且乱杂，较多采取田间地头销售方式。相对于规模种植，种植大户每公顷总成本虽比小农户高5 400元，但通过较高的单产与售价，种植大户每公顷总产值可达112 500元。综上，种植大户每公顷净利润比小农户高出62 100元，约5.89倍（表5-3）。三是北京市鲜食玉米品牌附加值不足。品牌是农产品竞争力的重要体现，加强品牌建设是推动北京鲜食玉米高质量发展的重要途径。北京缺乏本土专业龙头企业带动，无特色"京籍"品牌，需探索多元化产业发展路径。目前仅有个别生态农场与合作社注重鲜食玉米产业与二、三产业的深度融合，以增加鲜食玉米品牌附加值。

表5-3　2022年北京市鲜食玉米规模种植与一般种植主要指标对比

| 项目 | 种植大户 | 小农户 |
| --- | --- | --- |
| 产值（元/公顷） | 112 500 | 45 000 |
| 单产（穗/公顷） | 45 000 | 22 500 |
| 单价（元/公顷） | 2.5 | 2 |
| 总成本（元/公顷） | 37 710 | 32 310 |
| 生产成本（元/公顷） | 28 710 | 23 310 |
| 物质费用（元/公顷） | 15 960 | 16 560 |
| 人工成本（元/公顷） | 12 750 | 6 750 |
| 土地成本（元/公顷） | 9 000 | 9 000 |
| 净利润（元/公顷） | 74 790 | 12 690 |

注：种植大户指种植面积≥2公顷；小农户指种植面积<2公顷。

## 三、推进北京市鲜食玉米产业发展建议

### (一) 明确鲜食玉米发展定位,完善发展政策

深入落实《北京市"十四五"时期乡村振兴战略实施规划》《北京市种业振兴实施方案》,充分利用北京作为国际化大都市的市场潜力和科技优势,从高端品种选育(产前)、提质增效种植模式推广(产中)、新型销售市场培育(产后)三个环节发力,打造鲜食玉米育种—种植—销售完整产业链,培育鲜食玉米"京籍"品牌,推进鲜食玉米产业的规模化、品牌化、产业化发展。明确鲜食玉米的粮食产品属性,使各区鲜食玉米种植户、合作社可享受相应的政策补贴。整合北京科研、推广和销售企业等多方面资源,针对鲜食玉米高端品种联合选育、高效栽培技术推广、病虫害统防统治技术示范和加工保鲜技术研发等方面设立产业发展项目资金,打通完整的鲜食玉米产业链,促进产业健康发展。

### (二) 提升种业创新能力,突破关键技术难题

第一,加大品种研发力度。以高品质、高配合力等为重点育种目标,对优良纯系进行大规模针对性测配,通过大面积试验鉴定筛选、广泛布点示范,筛选出适宜鲜食及速冻加工的优质、高产、广适的优势白糯玉米组合、黄糯玉米组合,以及甜加糯、甜味糯型各具特色的组合,满足消费者对健康饮食的追求,对高端市场差异化消费的需求,促进北京鲜食玉米产业高质量发展。第二,提高配套栽培管理技术。注重分批次播种、采收的栽培方式,推广抢早播种的深"V"覆膜技术,科学安排茬口,实现适宜地区鲜食玉米的一年两茬种植,以保证全市鲜食玉米6—10月错峰供应。第三,突破病虫害绿色防控技术。针对鲜食玉米易感玉米螟、棉铃虫、瘤黑粉病、大小斑病的特性,加大高效低毒化学农药的筛选,开发新型高效

功能化农药制剂，开展生物源农药的筛选和评价，明确药剂用量和防治时期，提高生物防治比重。第四，提升鲜食玉米机械化采收技术。研发或改进适合鲜果穗机械化采收技术，加强对农机手多方位的实操培训，有效降低鲜食玉米机械化采收损耗率，促进农机农艺融合发展。第五，创新采后保鲜与贮藏技术。明确鲜食玉米采后生理特征和物理特性，研发鲜食玉米采后商品化处理、短期贮藏和流通技术，开发鲜食玉米架期品质控制技术，制定鲜食玉米采后商品化处理和流通技术规范，并积极推广。

### （三）推动产后带动适度规模种植，促进"京籍"品牌高质量发展

第一，联合农村集体经济组织、农民专业合作社、家庭农场等主体，推进北京各区土地流转，推动农户种植组织化，实现鲜食玉米产业种植适度规模化，从而有助于解决鲜食玉米种植散、乱问题，实现产业节本增效。第二，充分挖掘区域品牌内涵。依托"京籍"鲜食玉米品牌，厚植本土地域历史文化底蕴，将其嵌入品牌文化，赋予"京籍"鲜食玉米品牌全新概念。第三，加强一二三产业融合。参照发达国家鲜食玉米推介经验，结合自身特点，通过举办节庆、采摘等活动，将农业生产与景观体验相结合，将旅游观光与加工制造相结合，以减轻北京鲜食玉米深加工受阻问题，丰富消费者的消费新需求，提升"京籍"品牌新价值。第四，构建药食同源新理念。遵循消费者食疗理念，依据鲜食玉米须的降血糖、降血压、降血脂、保肝利胆、利尿消肿等功效，利用北京自产上万亩高品质鲜食玉米，研制北京有机鲜食玉米须茶，可在无须增加任何种植成本的情况下获得品牌附加值，增强区域竞争力，延伸玉米产业链，拓宽北京鲜食玉米产业高质量发展路径。

**参考文献**

杜洪燕，陈俊红，龚晶，等，2022. 北京市新型农业社会化服务体系优化调整策略［J］. 北方园艺（12）：147-151.

郭丽华，尉京红，马蕴菲，等，2022. 河北省鲜食玉米产业发展形势及高质量发展建议［J］. 中国蔬菜（3）：9-13.

李惠，2017. 关于天津市津南区发展都市型现代农业研究［J］. 天津农业科学，23（10）：35-38.

廖四顺，2019. 乡村振兴背景下特色农业与旅游业协同发展研究：以韩国长水郡为例［J］. 天津农业科学，25（8）：87-90.

罗重谱，高强，2022. 乡村振兴战略背景下新型订单农业的运作模式及其高质量发展路径［J］. 宏观经济研究（5）：94-103，110.

仇焕广，李新海，余嘉玲，2021. 中国玉米产业：发展趋势与政策建议［J］. 农业经济问题（7）：4-16.

史亚兴，徐丽，赵久然，等，2019. 中国糯玉米产业优势及在"一带一路"发展中的机遇［J］. 作物杂志（2）：15-19.

宋晓丹，2020. "农头工尾"：黑龙江如何突破、进取［J］. 奋斗（3）：31-33.

佟国香，2022. 北京地区鲜食玉米新品种农科糯336最佳播期试验［J］. 农业科技通讯（5）：55-58.

徐丽，赵久然，卢柏山，等，2020. 我国鲜食玉米种业现状及发展趋势［J］. 中国种业（10）：14-18.

佚名，2020. 北京出台现代种业发展三年行动计划［J］. 种子科技，38（7）：6.

翟晓娜，谢奇珍，师建芳，等. 2020. 我国玉米产业链标准现状及发展需求研究［J］. 河南工业大学学报（自然科学版）（4）：100-106.

张迪，2020. 智慧经济时代特色农产品销售线上线下融合发展模式的选择与优化［J］. 农业经济（7）：129-131.

张益丰，史润，2022. 订单农业核心价值与创新动能的双重检视［J］. 西北农林科技大学学报（社会科学版），22（5）：108-118.

郑甘甜，陈胜，张开华，2022. 农村产业融合发展：成效、困境与对策思路［J］. 农业经济（6）：9-11.

周婕，2018. 基于农村合作组织的农产品网络营销模式优化研究［J］.

农业经济（9）：139-140.

朱乾宇，龙艳，钟真，2021."三位一体"：从单一合作到综合合作的制度创新：基于三个案例的比较分析［J］.农业经济问题（6）：19-33.

# 第二篇

## 科技服务篇

第二章

食物和血液

# 报告6 加强农业科研院所科技推广工作的对策探析
## ——以北京市农林科学院为例

科技进步和创新是农业现代化的关键所在，对于推动农业增产、农民增收、农村繁荣意义重大。农业科研院所是农业科技创新的重要动力源，也是推动农业技术进步的骨干力量，在未来农业科技新成果的转化和推广中发挥的作用将会越来越大，本研究以北京市农林科学院"双四极"科技推广服务实践为例，分析农业科技推广工作的经验，探讨新时期加强农业科研院所科技推广工作的具体措施。

## 一、农业科研院所是新时期农业科技推广的主体力量

### （一）农业科研院所的功能日益彰显

农业科研院所是培养农业科技人才的重要基地。农业的出路是现代化，农业现代化的关键是农业科技创新与进步，而农业科技创新的实现要有大量的农业科技人才作为支撑。大力培养适应现代农业发展、服务乡村振兴的高素质、复合型农业科技人才，正是当前我国农业科研院所的重要职责之一。农业科研院所不仅要培养高水平、专业化的创新型农业科技人才，也要培育懂技术、会管理的农业科技推广人才，还要为农村培养有文化、擅经营、懂技术的新型职业农民。

农业科研院所是农业科学研究的重要基地。农业科研院所承载农业科学的基础性研究职能，是现代农业技术创新的主阵地。农业科研院所具备科技、人才、信息、设备等优势资源，为农业科学研究的实施夯实物质基础。

农业科研院所的社会服务功能日趋强化。农业科研院所在推进农业科技成果转化、推广实施进程中发挥的作用越来越大。据相关调查显示，中华人民共和国成立以后至21世纪初育成的6 000多个农作物品种中，由地市级农业科研院所选育的占60%~70%，近年来比例不断提升，这些数据充分体现了农业科研院所在农业科技成果的推广转化进程中的重要作用。

### （二）现代农业发展的科技需求日趋强烈

随着经济社会的发展，现代农业对科技的需求呈现日益增强和多层次、多样化的特征。以北京市为例，现阶段在"疏解整治促提升"的大背景下，传统农业规模不断调减。北京市农业不仅要实现北京市农产品消费的部分自足，满足市民对优质农产品愈来愈强烈的需求，还要满足市民逐步提升的"养眼、消费、休闲"需求；农户需要前沿的科技、优质的品种及先进的装备送至田间生产中；涉农企业需要农业供给原料、先进的生产科技展示平台、便捷优质高效的服务和良性竞争的市场环境；政府需要农业在生态优化、应急供应与治理"城市病"中积极作为。面对现代农业发展新形势，如何结合农业多功能需求特点，满足"三农"事业对农业科技的多样化需求，充分发挥农业科研院所在"三农"事业中科技推广的重要功能，成为新形势下农业可持续发展和乡村振兴的战略选择。

## 二、北京市农林科学院双"四极"科技推广工作实践

### （一）建立"四极"对接工作机制

面对北京市农村经济发展的新阶段和农村科技需求变化趋势，北京市

农林科学院依托自身科技资源优势,构建以该院为核心的"四极"对接工作体系,加强与市、区、镇、村各级政府的联合与协作,积极探索农业科研院所科技成果进村入户的新通道,如图6-1所示。主要是以市场为导向,依托北京市农林科学院的科技、人才、信息等资源优势,以项目为纽带,整合、利用有关科技推广资源,以农民科技示范户为切入点,以农村经济合作组织、涉农企业等为结合点,开展农业先进实用新技术示范推广和农业高新科技成果转化的农业科技推广形式。

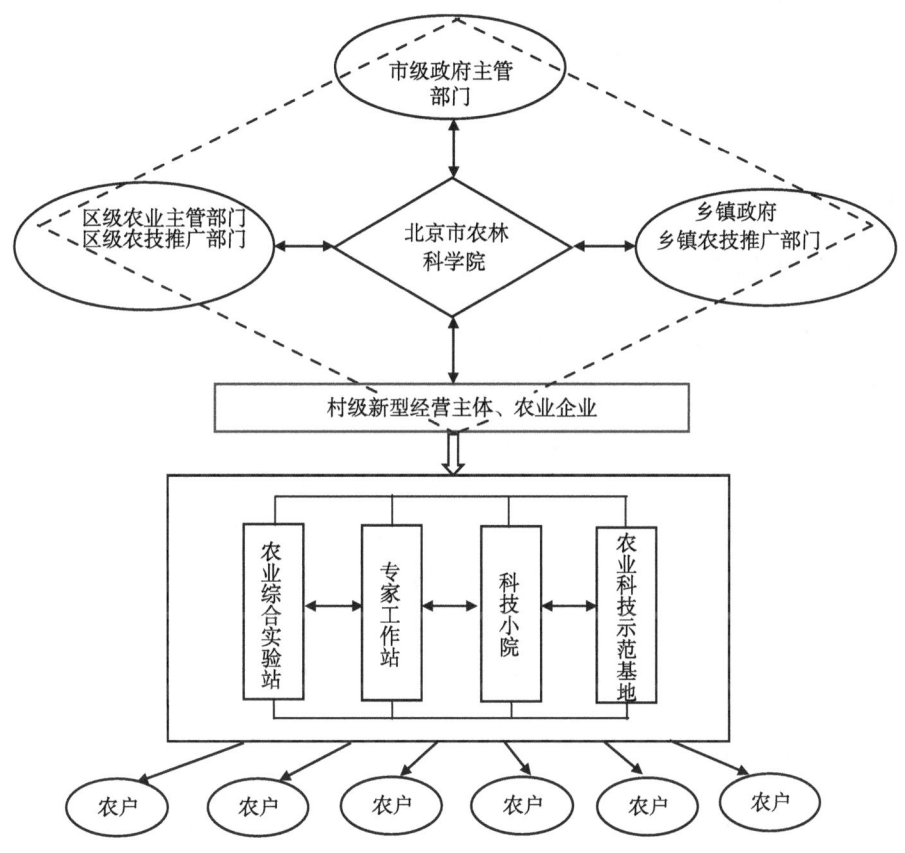

图6-1 北京市农林科学院双"四极"科技推广服务体系

### 1. 市院合作

2012年起，北京市农林科学院与北京市农业农村局签署全面合作协议，不断强化局院合作项目申报与实施、重点合作项目推进等，开创了局院合作协同推进现代农业发展的新格局。例如，局院积极整合聚集双方资金、项目、专家、技术成果优势，共同推进了大兴区榆垡千亩设施示范园建设。北京市农林科学院加强与北京市支援合作办公室合作，积极参与"首都农业科技辐射带动受援地区的产业发展"，提出对口帮扶张家口8个区县产业的科技支撑建议；对接十堰市农业科学院，共同推动丹江口库区十堰生态农业研究院建设；与拉萨市农牧局签署对口合作框架协议，明确援助方向；与河南省南阳市在杂交小麦制种基地建设、蔬菜新品种引进、菊花产业发展等方面，建立长期稳定战略合作关系。

### 2. 院区合作

北京市农林科学院与北京市多个区开展科技共建，与政府签订科技共建协议，组建专家团队，建设科技示范基地，通过新品种、新技术推广，为区域农业发展提供科技支撑，近年来，先后与大兴、顺义、门头沟、通州、密云、房山、平谷、延庆8个区签署了全面科技合作协议。北京市农林科学院与顺义区实施科技共建，在万亩核心示范区展示示范优质高产普通、青贮玉米新品种'京单38''京单68''京科528'等5个，建立千亩示范方3个，开展关键技术试验示范；建立杂交小麦示范田1 500亩，示范展示品种'京麦6号'，实现年节水4.5万吨、增产16.5%等。

### 3. 院镇合作

北京市农林科学院与大兴区长子营镇、顺义区张镇、房山区周口店镇、通州区宋庄镇等重点乡镇签署全面科技合作协议，有力推动了科技成果落地转化和乡镇农业发展。2014年与顺义区张镇签署全面合作协议，围绕"舞彩浅山""都市型旅游休闲度假镇"建设，共同打造立足北京、面向全国的现代农业试验、示范、产业化聚集的新高地。2015年，与大兴区长子营镇开展技术对接，6个院镇合作项目得到长子营镇的大力支持。院镇合作有力地推动了镇域产业转型升级和美丽乡村建设。

### 4. 院企（基地）合作

加强与企业的合作，聚力、聚智、聚资源，促进北京市农林科学院科技成果向现实生产力的转化，农业推广服务供给成为企业技术创新的组成主体，提升了企业技术创新与产业开发能力。当前与北京市农林科学院开展深入对接的企业（基地）达到100多家。围绕'京科968'品种开发，组建了农科城玉米品种开发联合体，形成"1+5"模式，采取企业需求、订单育种、联合开发、共拓市场的方式，实现该品种年种植面积达到2 000万余亩，成为我国玉米生产主推品种之一。在北京市农林科学院林地"别墅"生态养鸡技术扶持下，北京市绿多乐农业有限公司荣获国际动物保护协会颁发的动物福利"金鸡奖"和"金蛋奖"荣誉称号。

## （二）形成"四极"科技推广服务体系

在"四极"对接工作机制的基础上，北京市农林科学院以基地建设为主线，进一步完善资金、场地和人才等基础保障，逐步构建"科技综合服务试验站—专家工作站—科技小院—试验示范基地"组成的"四极"农技推广服务体系，打造一批科技推广服务的前沿阵地。当前已建成综合服务试验站2个、专家工作站13个、科技小院8个、试验示范基地348个，得到了社会各界的广泛关注和认可。

### 1. "科技综合服务试验站"模式

在系统总结国内外"科技综合服务试验站"模式基础上，北京市农林科学院采取与地方政府（区、镇、企业等）合作共建的形式，围绕解决本区域（区、镇或企业等）特色产业发展需求，组建一支涵盖管理人员、驻站专家、技术人员和工作人员共同组成的试验站人员队伍，有针对性开展技术攻关、试验中试、集成展示、示范推广、人才培训、公共服务等科技服务，辐射提升周边农业新型生产经营主体科技能力和生产水平，推动区域性农业产业发展。"科技综合服务试验站"模式的实施取得了显著成效。以长子营综合服务试验站为例，采取"试验站+航食+新型经营主体"的运作方式，积极开展适合当地生产和加工的国内外优新航食蔬菜品种资源引进与筛选工作，引进新奇特叶菜品种 20 余个，引入龙头企业投资建设航食加工展示示范园；采取"试验站+基地+新型农业经营主体"运作方式，开展蔬菜等高效管理技术示范与推广，推广了温室东西向排跨种植技术，为当地叶类蔬菜的育苗及生产提供了优化的生产棚型，最大限度地利用了土地面积，且有利于棚内的机械化操作；等等。

### 2. "专家工作站"模式

在试验示范基地建设基础上，北京市农林科学院立足本院学科发展需求，整合院、所优势科技成果资源，联合区县、乡镇农技推广技术力量，择优筛选一批已有院级重点科技推广服务试验示范基地进行提升建设，积极开展代表本院多学科最高水平的技术成果展示推广、人才培训等科技服务工作，并对周边新型农业生产经营主体进行辐射带动，逐步打造成为推动当地产业发展的农业科技成果展示示范中心。"专家工作站"模式效果显著，密云水源保护区农业环境保护专家工作站通过技术设备引进，帮助当地部分养殖专业合作社实现了健康养殖、清洁生产、无废排放、资源循环利用，增加养殖直接经济效益 6%以上；延庆四海功能花卉专家工作站在当地 6 个村进行功能花卉的示范推广，引进新技术 9 项、研发并推广新产品 32 个，并进一步辐射京津冀地区乃至全国，在 19 个省市建有花卉产业化示范基地 20 多个，年试验示范推广面积 10 万亩以上，年培训各类人员 2 000 人次以上；等等。

### 3. "科技小院"模式

"科技小院"是北京市农林科学院在认真总结中国农业大学经验的基础上，围绕服务村的发展需求，创建的具有农业科研院所特点的集农业科技创新、成果示范推广、人才培养及精准帮扶于一体的"零距离、零门槛、零时差、零费用"科技服务平台。该模式通过引导和支持广大科技人员开展驻地研究、示范，提供覆盖生产、生态、生活的综合性技术服务，做好一个小院、带动一个村的发展。科技小院已成为促进北京市农林科学院农业科技成果推广转化的有效形式，如白虎头村科技小院筛选示范了88个枣树良种，通过高枝改接技术对60亩低产劣质枣园进行了提升改造，示范新品种100亩，降低裂果率10%以上；大兴区青云店镇六村科技小院通过全面的技术帮扶工作，2019年实现低收入农户较上年增收45%以上，实现全面脱低；房山区蒲洼乡东村科技小院助力东村林下食用菌基地逐渐发展为蒲洼乡一二三产融合的特色农业窗口，2019年带动49户农家乐从事"蘑菇宴"，年均接待游客2.5万人次，年均旅游综合收入达200万元以上。

### 4. "示范基地"模式

示范基地是北京市农林科学院科技推广服务体系的重要组成部分，择优筛选一批科技推广服务专家与农业新型生产经营主体（企业、合作社和家庭农场等），建立"一帮一""点对点"对接。该模式是以责任专家为主体，采取技术指导性定位，结合对接服务主体生产实际情况，采取定期与不定期相结合的方式，开展品种、技术、装备等科技成果示范和推广服务工作。2014年以来，通过"示范基地"模式共示范推广300多种优新品种（系），包含林果类、瓜类廊架蔬菜、观赏蔬菜、茄果类、瓜、叶菜类，玉米、小麦新品种以及肉用种鸽、北京油鸡、授粉蜂、松浦镜鲤、哲罗鲑、鲑鳟鱼、墨底三色锦鲤种鱼等特色优良品种；示范了一批高效生产和质量控制技术，如在玉米小麦粮食作物种植业方面，示范了良种繁育技术、种子包衣技术及高产节水节肥栽培技术，实现了农业节水节肥和粮食产量提高，对京郊玉米、小麦品种更新换代起到积极作用，抗旱品种普及率达到80%以上，实现农户年均增收1 050.8元/户；示范基地成为北京市农林科学院在京郊留得住、带不走的示范窗口与前沿阵地，直接或间接提升了一批新型农业经营主体、特色镇村发展能力（表6-1）。

表 6-1　北京市农林科学院"四极"科技推广服务模式对比

| 科技推广模式 | 发展定位 | 服务对象 | 服务内容 |
| --- | --- | --- | --- |
| 综合服务试验站 | 区域性科技中心 | 区、镇或企业 | 技术攻关、试验中试、集成展示、示范推广、人才培训、公共服务等 |
| 专家工作站 | 产业性成果展示中心 | 以学科发展为主，示范带动基地及周边产业发展 | 多专业集成、综合展示、引领带动等 |
| 科技小院 | 综合性技术服务场所 | 村 | 技术示范、综合服务、人员培训、技术会诊等 |
| 示范基地 | 单一性技术转化阵地 | 企业、合作社和家庭农场等 | 成果展示、技术指导、对接帮扶等 |

# 三、北京市农林科学院农业科技推广模式的经验与启示

## （一）创新农技推广载体，提升农技推广服务水平

提升基层农技推广服务能力需构建支撑体系，尤其是要大力创新推广载体。北京市农林科学院在充分借鉴国内外先进农业科技推广模式的基础上，结合区域农业发展实际情况，积极探索，明确功能定位，搭建农业科技综合服务试验站、专家工作站、北京科技小院、科技示范基地等区域农业科技推广载体，将自身的优秀农业科技成果推广出去，并依托这些农技推广载体构建了结构完整的农业科技推广网络体系，推广网络以服务区域为中心区，并向周围的村、镇辐射，有的甚至辐射到全北京市乃至全国，达到了以点带面的效果；提升了农业科技推广的效用，增强了农业科技服务能力。

## （二）坚持产学研结合，对接生产实际开展研究与推广

北京市农林科学院通过双"四极"科技推广工作实践，围绕产业发展

需求开展研究和示范推广，构建起科研、推广、应用之间的沟通桥梁。农业专家将田间地头当成课堂，直接将科研成果应用到农业生产第一线，与农民面对面交流，对其进行技术指导，解决他们生产中碰到的实际困难。同时，专家获得第一手鲜活的实验数据，把在生产一线遇到的难点问题带回单位开展针对性研究与集体攻关。通过产学研紧密结合，既解决了农业生产技术难题，农民可以眼见为实、真正学到最需要的农业技术，又实现了农业科研与科技推广契合的问题，真正实现了"论文写在大地上、成果送进老乡家"。

### （三）整合统筹优势资源，形成农业科技推广服务合力

农业科技的推广、成果转化必须契合地方农业的产业结构特点、区域经济发展实际，因地制宜、加强合作，这样才能形成科技推广服务的强大合力。北京市农林科学院根据各村、镇的现实情况，不断强化与地方政府间的合作，充分整合本院、地方政府、专业大户、家庭农场、农民专业合作社、农业（民）协会、涉农企业、"一村一品"专业生产村、企事业单位试验示范基地等各方面的力量，甚至借势其他农业高校和科研院所的优势资源，形成强大的农技推广服务合力，从而有效提升了龙头企业科技创新能力、农民专业合作社的生产和示范带动能力、低收入专业村产业后劲，推动了特色乡镇产业转型升级。

### （四）加强农技推广队伍建设，夯实产业发展人才基础

农业科技推广既要把新品种、新材料、新设备等有形的科技成果推广到农村；又要将新技术等无形的科技成果传授给农户，这就要求重视农技推广队伍建设，注重新型职业农民的教育培养以实现科技示范作用。北京市农林科学院注重对本院科技推广人员的考核，把考核结果作为聘任、晋升的重要依据；有力促进基层推广人员与本院专家对接，拓展渠道帮助基层农技人员开展业务培训；举办培训班，对农业科技示范户进行培训，培

训内容涉及现代经营理念、现代生产方式等，培养出一批"土专家"充实到推广队伍中来，起到了很好的示范作用，从而在人力上保障了农业科技推广工作的顺利开展。

### （五）搭建信息咨询服务网络，扩大推广范围与成效

农业科技推广采用的传播方式与传播渠道如何，决定了推广的效果。在"互联网+"时代，既要注重推广的具体方式和方法，也要充分利用现代化网络信息技术以扩大农业技术推广的速度与覆盖面。北京市农林科学院构建了北京农业信息网、"12396"北京新农村科技服务热线、农业远程双向视频诊断系统、微信、QQ 及各种 App 等 9 种咨询通道的集成高效服务平台，实现了农民随时、随地、以手中已有的任何信息设备即能实时快捷获得农业科技专家指导培训及信息服务，实现了科技信息的快速汇聚与高效传播，大大提升了北京市农林科学院农技推广的辐射面和成效。

## 四、新时期推进农业科研院所科技推广工作的对策建议

### （一）注重科学谋划，推动科技推广服务协同创新

科学谋划是开展科技推广服务的关键和先导环节，农业科研院所要在深入开展产业科技需求、重点研发任务建议和科技服务资源调查的基础上，统筹布局院、所学科战略研究和学科规划，重点支持具有优势和特色学科领域的科技服务项目，充分做好项目资源的分配，注重提升成果集成创新水平。科技服务协同创新是提升科技推广效率的最佳形式和途径，农业科研院所要深化与有关机构和组织在成果研发、熟化和推广应用中的协作，积极落实国家区域协同发展战略，发挥自身在服务国家、地方发展的重要作用，牵头或者参与搭建农业科技协同发展工作体系，促进科技资源合理

流动和开放共享，实现农业科研院所的人才、科技、信息优势与政府完善的农技推广链条和众多的农技推广基地优势的联动，推动农科教、产学研跨区域紧密结合，共同打造农业科技示范基地，引导区域农业改造升级。通过专家工作站、农业科技综合试验站、科技小院、示范基地、信息咨询服务中心等载体，直接将农业科技成果传播到农民手中，从而缩短农业技术成果推广、转化的中间环节，大大提升农业科技推广的效率。

## （二）加快成果转化，提高科技推广服务质量和水平

遵循价值规律，坚持市场导向是农业科技成果推广普及、转化实施的前提。农业科研院所实施科技推广必须以市场调研为前提，在基地建设所在地、项目实施区域，分不同产业，通过采访和问卷调查，真实了解新型农业经营主体的生产经营状况及其存在的问题和不足与技术需求情况，同时征求他们对农业科研院所开展农技推广服务的内容、手段的看法及建议，推动农业科研院所根据市场需求进行科研攻关，研究出符合市场规律的科技成果，改进服务手段，调整、丰富服务内容。要加快推进农业技术成果熟化与完善，支持阶段性成果开展后续深入研究和中试示范等，不断完善成果内容，改进技术经济指标。搭建成果转化平台，帮助成果完成人借助农业农村主管部门、地区农技推广部门、兄弟科研院所、农业新型经营主体等成果示范推广功能，采取成果转让、科技合作、建立示范基地等方式，开展技术熟化和产业化工作，从而快速占领市场，产生较好的经济效益，使得农业科研院所在收获科技成果转化带来的经济实惠的同时，极大提高农业科研院所科技创新与成果转化的积极性。

## （三）拓宽筹资渠道，建立多元化投资体系

稳定的经费支持是农业科研院所组织高素质推广队伍、开展农技推广服务的基本前提和重要保障。农业科研院所科技推广工作兼具公益性与市场性的双重特点，因此，其科技推广的投资主体应当是多元化的，而政府

财政拨款应成为农业科研院所科技推广经费的主要来源。建议政府在购买农业科研院所农技推广服务方面划拨专项资金，加大农业产业链上综合农技推广服务项目的支持力度，而不仅仅局限于对单项技术的支持；加大对服务基地建设的投入，尤其是在基地物理空间、设施设备、办公、食宿、实验用地方面的软硬件支持；投入资金支持农业科研院所农村科技服务信息化平台建设和运行，包括农村科技服务网络平台、手机 App、微信公众号的搭建和运行以及数据库的建立等，提高农村科技服务的信息化水平。设立农业科研院所推广基金，广泛吸收企业、个人和社会群团等的经费投入，把社会广泛筹资作为农业科技推广基金的重要来源。对经济效益比较好、市场前景更加开阔的农业科技推广项目，采取以农科企业、涉农企业投资为主，积极引入社会资金入股、集资等方式筹措资金。通过以上形式最终建立起以政府经费支持为主、社会力量投入为补充的多元化投资体系。

## （四）重视人才作用，建设科技推广服务优秀团队

"人"是生产力中最重要、最活跃的要素，农技推广服务队伍建设是农业科研院所开展科技推广服务工作的基础。要加强农技推广管理队伍建设，不同于人才培养和科学研究工作的管理人员，农技推广管理人员既需要具备一定的专业知识，还要经常下乡，与地方政府主管农业、科技的部门以及广大基层专业大户打交道，同时要配合科研人员开展一些宣传和培训工作等，因此，农业科研院所要吸收一些懂专业、善交流又能吃苦耐劳的复合型人才加入农技推广管理队伍中来，并定期进行培训，以加强农业科研院所科技服务工作的管理和服务能力。建立专兼职结合的农技推广专家团队，农业科研院所要制定准入条件，调整人才引进制度，不以追求高学历、高职称为目标，面向本单位或者全国，合理吸纳有意愿、有热情、有能力的科研人员承担公益性农技推广项目或担任基地负责人，逐步壮大农技推广专家队伍。从科研成果、承担农技推广项目情况、农村科技服务经验、获奖情况、社会评价等方面，根据专兼职两支队伍的不同性质提出不同的任职条件。结合服务基地共建情况，吸纳地方农业农村部门常年在

基层一线开展农技推广服务的"土专家"或具有丰富经验的种养大户加入农业科研院所科技推广队伍,并给予一定的身份或待遇。注重青年科技推广人才的培养,在政策支持下,积极引导青年工作者开展科技推广工作,在实践中培养人才。

### (五)优化制度管理,完善科技推广服务考评激励机制

农业科研院所要重视农技推广服务工作,把农技推广服务放在与科学研究与人才培养同样重要的地位,大力宣传国家及地方有关农技推广服务工作的氛围。科学设计农技推广服务评价指标体系,集思广益,充分听取和采纳管理服务部门、地方政府及其主管部门、种养大户、家庭农场、涉农企业等众多利益相关方的意见与建议,评价指标不仅要反映农业科研院所的利益,也要考虑服务对象的利益需求,力求考核评价指标最大限度的科学、合理和公正。要规范评价工作流程,加强评价工作管理,成立农技推广服务工作评价领导小组,联合地方农业、科技等主管部门,增加实地考察环节,更多地听取服务对象的意见。将农技推广服务工作纳入工作量认定范畴,推广效果作为职称晋升的重要依据。把农业科技推广成效作为科技奖励的重要内容,建立农业技术推广人员的职业资格认证制度,激励科技人员以多种形式深入农业生产第一线开展技术推广活动。切实提高农技推广人员待遇水平,落实工作倾斜和绩效工资政策,提升推广人员工作积极性和主动性。

### (六)创新服务手段,加大线上服务平台建设和推广力度

App 和微信公众号是新时期开展农技推广服务的重要手段。当前,由于科技推广人员传播技术和农户获取技术的思维惯性与路径依赖,使得双方使用 App 和微信公众号的机会与频率还有较大的提升空间。农业科研院所要顺应时代潮流,建立完善科技推广 App 和微信公众号,积极借鉴其他农业高校、农业科研院所、社会组织在开发 App、微信公众号和其他信息

化服务平台中的先进经验，丰富其功能内涵，注重错位开发，实现功能差别化，从而体现农业科研院所特色、发挥本单位优势；要采取多种方式和渠道，向广大科技推广人员、涉农企业、农户宣传 App 和公众号；健全 App 和公众号的管理和激励机制，加大对科技推广人员线上服务工作数量和质量的认可力度，以及使用对象物化补贴的奖励力度等，调动起科技推广人员和地方新型农业经营主体使用 App 和公众号的积极性。探索 App 和公众号企业化的运营机制，依托互联网技术，聘请相关专家，借用社会力量，实现高效运营，以协同化的服务格局推动优势互补与资源共享，以社会化的服务方式推动农技人员通过服务合理获得报酬，以信息化的服务手段推动农业服务的便捷与高效，从而加强线上服务平台的建设和推广力度。

## 参考文献

毕庆生，黄玉芳，叶优良，等，2019. 基于科技小院的本硕一体化人才培养模式探索［J］. 高等农业教育（2）：20-23.

陈香玉，龚晶，陈俊红，2017. 科研院所视角下农业科技政策改革的若干思考［J］. 科技管理研究，37（16）：130-135.

段莉，2011. 建国以来我国农业科技推广系统成效评估［J］. 农村经济（4）：108-111.

葛立群，贾可，闫立萍. 农业科研单位开展农技推广服务的优势与作用研究：以辽宁省农业科学院为例［J］. 农业经济，2019（9）：28-29.

郭海红，2019. 改革开放四十年的农业科技体制改革［J］. 农业经济问题（1）：86-98.

韩智慧，2017. 新形势下我国农业科技创新体系构建的困境与路径［J］. 农业经济（10）：9-11.

焦文捷，宁中华，2016. 教授工作站建立与现代农业人才培养探索与成效［J］. 河北农业大学学报（农林教育版），18（4）：7-10.

钱福良,2017. 中国现代农业科技创新体系问题与重构[J]. 农业经济(1):38-40.

汤国辉,2015. 教科推一体的南京农业大学"专家工作站"的探索与实践[J]. 专家天地(5):24-27.

田闻笛. 我国农业科技推广体制的演变与现状研究[J]. 东南大学学报(哲学社会科学版),2016,18(增刊1):91-93.

王德海. 农业推广[M]. 北京:中央广播电视大学出版社,2006:26-27.

吴川徽,黄仕靖,袁勤俭,2020. 社会交换理论及其在信息系统领域的应用与展望[J]. 情报理论与实践,43(8):70-76.

邢鹏,2020. 乡村振兴背景下完善农业科技推广机制研究[J]. 农业经济(10):32-33.

尹聪武,2015. 农业科技推广的现状发展思路与对策[J]. 农业与技术,35(8):234.

张一涵,袁勤俭,2019. 计划行为理论及其在信息系统研究中的应用与展望[J]. 现代情报,39(12):138-148,177.

朱美玲,2020. 农业类院士专家工作站发展研究[J]. 农村经济与科技(11):329-330.

朱梦然,颜祥林,袁勤俭,2019. 服务接触理论及其在信息系统研究中的应用与展望[J]. 现代情报,39(12):149-159.

# 报告7　科研人员参与种业科企合作的现状、问题及对策

## 一、引　言

"国以农为本，农以种为先，种以科为基"。科研人才是加快种业核心技术创新，加强国家种业创新力量的战略资源。种业企业作为技术创新主体，是实现现代种业强国的骨干力量。目前，我国种业企业普遍"小而散"，科研人才不足，自主创新能力较弱，因此，鼓励和引导科研人员参与种业科企合作既是推进种业振兴、打好种业翻身仗的重要举措，也是种业发展趋势的必然选择。2021年12月，国务院印发的《"十四五"推进农业农村现代化规划》指出，落实好"藏粮于地、藏粮于技"的战略要求要抓好种子这一"要害"，注重培育种业企业。农业农村部印发的《"十四五"全国农业农村科技发展规划》同样指出，要强化科企深度融合，通过开展育种联合攻关，增强企业创新主体力量。

在科研院所全面深化改革与种业科企合作已成必然发展趋势的大背景下，科研人员参与种业科企合作的主观意愿在促进科企双方深度融合，推动种业要素向种业企业有序流动中愈发扮演重要角色。但是，目前国内外关于种业科企合作的研究主要集中于双方合作机制、合作模式与合作经验启示等方面，以科研人员合作意愿为研究方向，揭示种业科企深度融合的制约因素和路径选择的研究较少。因此，本研究基于对5个省市8家农业科研单位652名育种相关人员的问卷调查，深入研究科研人员参与科企合作现状，分析存在的问题，提出相关对策建议，为深化科研体制改革和科

企合作相关政策制定提供借鉴参考。

## 二、科研人员参与种业科企合作的发展现状分析

### (一) 科研人员参与科企合作的意愿

科研人员参与种业科企合作意愿强烈，愿意通过与种子企业合作的形式发挥自身价值。调研显示，期望参与种业科企合作的科研人员总计574人，占总样本的88%；不愿参与种业科企合作的科研人员仅有78人，占总样本的12%。科研人员参与科企合作意愿的提升，一方面，是在国家持续推进科研体制改革的背景下，通过不断出台、完善政策措施，越来越多的科研人员愿意通过各种形式与种子企业合作从而发挥个人价值。另一方面，种业企业在高质量发展中，为弥补自身人才队伍短板，注重引进高层次学科领域专家，使种业科研人员成为企业建设的重要驱动力。同时，伴随龙头企业商业化育种体系的建成和研发投入的加大以及资源整合的加速，国内种业格局将重塑，同样有助于提高科研人员参与科企合作的意愿。

### (二) 科研人员参与科企合作的规模

科研人员与中型种业企业合作机会较多，向往迈入更高平台。根据种业企业规模划分，科研人员与小微型种业企业（营业收入＜500万元）合作的频率为98次，占总体的33.3%；与中型种业企业（500万元≤营业收入＜20 000万元）合作的频率为150次，占总体的50.8%；与大型种业企业（营业收入≥20 000万元）合作的频率只有47次，占总体的15.9%。可见中型种业企业是科研人员合作机会最多、合作频率最高的。结合科研人员合作意愿调研结果，66.2%的科研人员更期待与"育繁推一体化"的大型种业企业合作。"育繁推一体化"的大型种业企业具有种子培育、扩繁以及销售与推广的全流程服务能力，具备较强市场竞争力和综合实力。在

更高的平台中，有利于科研人员将自身"软件"基础与企业良好的"硬件"条件相结合，有利于科研成果的研发与推广。

### （三）科研人员参与科企合作的模式

快捷稳妥的合作模式是主流合作方式，合作融合层次较浅。科研人员实际参与的科企合作模式占比由高到低依次为合作育种（38.9%）、委托育种（21.1%）、成果转让（20.2%）、共建产业联盟（7.1%）以及"双创"模式（10.7%）。科研人员期望参与的科企合作模式占比从高到低排序依次为合作育种（62.5%）、成果转让（12.9%）、委托育种（11.8%）、共建产业联盟（7%）、"双创"模式（5.4%）。在两层面的结果中，合作育种、委托育种、成果转让3种模式占据总样本的80%以上，是目前科研人员主要的科企合作模式，这3种合作模式主要为科研人员提供了育种研究经费，提高了种业成果转化率，有利于种业企业利用研发成果迅速占领市场，提升企业核心竞争力。从合作深度层面，3种主要合作模式体现出科研人员与种业企业间的合作仍处于短期、快速转化成果的浅层合作，不利于育种资源在科研人员与种业企业间长期双向流动。

### （四）科研人员参与科企合作的制度建设

知识产权制度建设所占比例最高，人事制度的构建未得到充分体现。参与种业科企合作的主体中，科企双方已构建合作相关配套制度的有125家，占整体的57.3%。其中，知识产权制度、利益分配制度、风险共担制度、人事制度、激励制度在配套制度中分别占整体的41.5%、34.7%、12.10%、4.40%、7.30%。在国家深入开展保护种业知识产权专项整治行动的影响下，知识产权制度所占比率上升，一定程度上，种业自主创新水平不仅得到了提高，同时粮食安全的种业根基也得到了夯实。相反，人事制度的构建在目前制度中未得到充分体现。人事制度的不健全一定程度上阻滞了种业科研人员跨部门、跨体制自由流动，降低了人才资源利用效率。

## 三、科研人员参与种业科企合作存在的问题

### (一) 科研人员参与科企合作程度不高

在接受调研的 652 位科研人员中，434 人未实际参与过种业科企合作，占总样本的 66.6%，与科研人员参与科企合作意愿形成鲜明对比。一方面，主体合作目的存在偏差。科研院所以公共利益为目的，主要着眼于基础性研发、前瞻性研发；科研人员注重职称评定，职称是科研人员价值与能力的体现，涉及科研人员的根本利益；种业企业以盈利为目的，不仅要解决可行性的问题，同时要考虑市场需求与企业竞争力。另一方面，主体合作时间存在分歧。科研人员培育新品种需要较长时间，且存在复杂的不可预见性；种业企业购买品种则希望立竿见影，快速盈利。致使科企合作目前仍未建立起长期有效的深度融合机制，存在"两张皮"问题。

### (二) 种业企业科企合作条件不完备

首先，"育繁推一体化"的种业企业数量较少。截至 2019 年底，全国持有效种子生产经营许可证的企业数量为 6 393 家，其中，进入 2018 年"育繁推一体化"种子企业名单的仅有 94 家，且主要集中于北京与山东。在全面促进种业科企合作，推动种业全链条现代化的新阶段，尽管"育繁推一体化"种业企业数量在稳步增加，但仍达不到加快种业高质量发展的要求。其次，中小型种业企业自主研发能力弱，科研氛围不浓厚。据统计，我国真正有自主研发育种能力的企业占比不足 1.5%，其中约 82% 的种业企业以从事推广销售工作为主。截至 2020 年 5 月底，全国新品种相关专利的申请数量排名中，前十位均为农业科研院所。科企合作是合作双方的双向选择，科研人员参与种业科企合作需要综合考量企业的各个方面，因此，种业企业应营造良好的科研氛围，提高自主创新能力，加强企业一体化经

营，为推进科企合作创造条件。

## （三）科企合作主体分工不明确

首先，农业科研院所与种业企业间：农业科研院所作为非营利性机构，主要依靠国家资助的科研经费和政策鼓励开展育种工作，掌握着大量的育种资源。2019年农业科研院所的科研人员获得种业专利授权总计5 735件，通过审定的新品种4 103个，比种业企业多1 093个。此外，多数科研院所可自行实施新品种成果转化，且育种成果具有先进性，可形成较大市场竞争力，致使种业领域呈现国家投入科研与企业自主科研的"双轨制"，不利于种业企业创新主体地位的确立。其次，各类种业企业间：大型种业企业具备自主研发与成果推广实力，具有经济效益好、带动能力强、市场竞争大的优势，对中小型企业同样形成威胁。科企合作主体分工不明确，间接在三者间形成了直接竞争关系。

## （四）科企合作制度保障不完善

自2000年《中华人民共和国种子法》实施以来，国家多次颁布相关制度支持科研机构试行更灵活的编制、岗位、薪酬等人事管理制度，把人才资源放在科企合作最优先的位置。但在实践过程中，促进人才流动的体制性保障未得到科企双方的重视，监督和反馈评价机制的不完善导致科研人员任期交流结束后返岗困难的现象出现。结合96.9%的科研人员"在编制不变的保障下参与科企合作"的强烈意愿，侧面说明人才流动的体制性保障仍是影响科研人员合作意愿的重要因素。

## 四、推进科研人员参与种业科企合作的对策建议

### (一) 优化科研人员分类管理制度

优化科研人员分类管理制度,引导科研人员革新思想观念。通过建立健全本单位人事制度,以期实现科研人员参与种业科企合作渠道的畅通,推动种业科研人才进入企业开展以应用性为目的的基础性研究。面对积极参与种业科企合作的科研人员,一方面,科研单位需进一步建立相对灵活的岗位、薪酬等管理制度,尽可能保障种业科研人员在离岗或兼职期间同等或优于本单位人员享有参加职称评聘、荐奖评优、岗位晋升等方面的权利。另一方面,在职称绩效评价制度中要转变论文导向机制,克服"四唯"评价思想,注重以种业创新质量、贡献为重点或将企业兼职成效作为考核评价的重要指标。

### (二) 加大对种业企业自主创新的扶持力度

政府需更加完善市场导向机制,不断优化财政种业科技投入结构,将国家种业应用性研发经费向种业企业倾斜,降低种业企业自主创新投入成本。对种业企业购置种子科研、生产、加工设备予以补助,对种业企业建设营销服务网络予以支持,促进种业企业利用"科研—育种—生产—营销—服务"的种子全产业链实现集成创新。对种业科研成果产业化采取"前投入,后补贴"等办法,按品种推广面积给予合理奖励,对研发经费投入给予一定比例的补助。通过制定长期的育种发展规划,对绩效、成果突出的企业给予政策支持,以加深企业主体地位,保证种业科企合作的长期稳步发展。

### （三）实行育种创新主体间分工管理

加快明确育种创新主体的合理分工，形成公平竞争的环境，促进育种主体间协同创新发展。针对基础公益性的农业科研院所，要推动其与种业企业开展联合育种合作，积极引导其充分依托国家种业科技成果产权展示交易平台，将育种科研人员的成果作价入股到企业，推动种业技术储备和研发能力转化为市场订单，提高科技资源面向企业开放的力度和成果转化服务水平。针对大型种业企业，要支持其自主建设育种研发平台，鼓励其与农业科研院所合作共建产业联盟或共同研发品种创新联合体，同时要有效落实科研人员能够按比例享有利益分成。针对众多中小型种业企业，支持他们利用自身企业特色品种和技术服务等在不同的细分市场上形成独特的竞争优势，发挥中小型种业企业在种业体系中支撑和衔接功能，提高中小型种业企业自身核心市场竞争力。

### （四）完善监督和反馈评价机制

为保障制度的全面执行，促进科研人员参与种业科企合作，农业科研院所可以通过定期召开座谈会、公布监督电话、加强舆论监督、开展反馈调研等形式，广泛征求期待参与以及参与过的科研人员对种业科企合作的意见和建议，认真梳理、积极解决科研人员反映的突出问题，并及时将改进进度、研究结果利用科研院所公共平台与科研人员分享。通过综合运用各种方式完善监督和反馈评价机制，提高制度落实质量，确保科研人员在参与种业科企合作的前、中、后各时期均畅通无阻、无"后顾之忧"困扰。

**参考文献**

韩启飞，朱小健，2021. 高校产学研合作的主要模式与思考［J］. 中国多媒体与网络教学学报（上旬刊）（11）：108-111.

胡霞，周旭海，2021. 中国现代种业发展的路径分析：基于政产学研用协同创新的视角［J］. 云南社会科学（3）：76-83.

邱洋冬，2020. 产学研合作的创新激励效应研究：基于不同调节机制的分析［J］. 经济体制改革（5）：107-112.

王建华，明云莉，孙俊，2021. 不同激励契约下的产学研合作协调研究［J］. 科技管理研究，41（11）：115-124.

徐一兰，傅爱斌，陈光尧，2020. 中国种业发展的困境与对策［J］. 中国种业（11）：13-17.

# 报告8 新形势下我国食品安全追溯体系建设的思考

一直以来,食品安全追溯体系犹如"舌尖上的安全锁",成为国内外普遍推广的把控食品安全的有效途径,新冠疫情的暴发及其持续不断反复,增加了这种诉求。然而疫情以后,全国多地发生食品样本核酸检测为阳性事件,一些在追溯过程中存在周期长、流程多、效率低,甚至线索中断难以完全掌控的情况,暴露了我国食品安全追溯体系的短板。建立快速高效食品安全追溯体系,达到及时发现、快速处置、精准管控的目的,成为新形势下确保食品安全的共识。那么,后疫情时代,如何完善现有食品安全追溯体系,使其更好地适应食品安全工作特点和需求,确保食品来源可追溯、去向可查询、风险可控制、权责可明确,满足消费者安全消费和品质消费需求,是当前关乎民生的重大课题。

目前,学术界关于食品安全追溯体系的研究成果比较丰富,主要涉及食品安全追溯体系发展现状、食品安全追溯体系应用技术、食品安全追溯体系效能评价、食品安全追溯体系的企业行为、食品安全追溯体系的消费者行为等方面,关于后疫情时代食品安全追溯体系建设的研究比较少。基于此,本研究尝试探究我国食品安全追溯体系的现状,分析存在的问题并针对性地提出相关建议,以期为新时期进一步强化我国食品安全追溯体系建设、保障食品质量安全提供决策参考。

# 一、体系现状

我国食品追溯体系的建设，约起步于2003年，先是在北京市、上海市推行，2007年起开始在全国多地试点推广，发展至今，已经在法律法规、标准体系、技术支撑、应用覆盖方面取得较大进步，为食品安全保障提供了有效的手段。疫情发生后，国务院陆续出台了冷链食品疫情防控管理的系列文件，就相关生产经营过程中新冠病毒的防控消毒提出指导意见，为应对疫情防控进一步完善食品追溯体系提供制度和技术支撑。

## （一）法律法规和制度体系不断健全

国家层面，2015年《中华人民共和国食品安全法》正式实施，对食品质量安全追溯体系建设进行了具体而全面的要求，明确了包括市场监督管理、农业农村、商务、卫生健康、公安、海关在内的多部门监管主体及监管范围，为我国食品安全追溯体系的建立提供了坚实的法律支撑。2019年通过了《中华人民共和国食品安全法实施条例》，对食品安全追溯体系建设做出更加细化的规定；同年，颁布《中共中央 国务院关于深化改革加强食品安全工作的意见》，进一步强化对建设食品安全追溯体系的要求，并提出制定尽可能完善的标准、坚持最严苛的监管、实施最严厉的处罚、落实最严肃的问责，以此保障食品质量安全。2017—2022年的中央一号文件都不同程度、不同角度地提到食品安全追溯体系建设的内容。国家各部委也颁布了各类食品通用的涉及食品安全追溯体系的规章，如农业农村部印发的《关于加快推进农产品质量安全追溯体系建设的意见》《关于农产品质量安全追溯与农业农村重大创建认定、农业品牌推选、农产品认定、农业展会等挂钩的意见》《农产品质量安全追溯管理办法（试行）》等6项配套制度。另外，国家市场监督管理总局印发《食用农产品市场销售质量安全监督管理办法》并进行了修订。

地方层面，各省、市陆续建立本地食品安全追溯体系建设的规章制度，主要有《北京市加快推进重要产品追溯体系建设实施方案》《上海市食品安全信息追溯管理办法》《福建省食品安全信息追溯管理办法》《安徽省餐饮服务单位食品安全追溯体系建设指导意见》等。新冠疫情后，根据食品安全工作特点及疫情防控工作需要，一些省、市及时出台与完善本省、市食品追溯相关制度，如《甘肃省食品安全信息追溯管理办法》等，为强化食品安全属地管理，优化食品安全监管体系建设提供制度保障。

## （二）标准体系不断完善

经过长期的努力，逐步建立起以国家标准和行业标准作为基础，以涉及食品安全要求的大量技术标准等为主体，以地方标准等作为有效补充的食品质量标准体系。相关国家标准有《食品可追溯性通用规范》《食品追溯二维码通用技术要求》《重要产品追溯—产品追溯系统基本要求》《农产品市场信息采集与质量控制规范》等，相关行业标准有《农产品质量安全追溯操作规程通则》《食盐安全信息追溯体系规范》《重要产品追溯企业追溯体系建设基本规范》《重要产品追溯第三方追溯平台服务质量基本规范》等，共同构建起规范食品安全追溯体系建设的核心框架条件。技术标准越来越严格、细化，涉及的范围越来越广，《食品标签标注规定》《农业标准化管理办法》《农业标准审定规范》《食品添加剂管理规定》《食品中农药残留风险评估指南》《农产品质量安全追溯管理专用术语》《食品中农药最大残留限量制定指南》《肉类蔬菜流通追溯体系管理平台技术要求》等，通过规范化和标准化，为全国食品安全追溯体系的互联互通和整体性提供指导和支撑。此外，为特别满足本地食品安全保障需求，一些地方结合自身实际情况，建立了与国家标准、行业标准等协调配套的地方标准，如河南省的《农产品质量安全追溯信息编码与标识规范》，安徽省的《农产品质量安全追溯生产单位代码规范》，福建省的《食品质量安全追溯码编码技术规范》等，深圳市出台了《食品经营者追溯电子台账规范》，修订了《食品可追溯控制点及一致性准则》与《基于追溯体系的预包装食品风险评价及供应商信用评价规范》,强化了企业食品安全追溯责任的落实,加强了食品污染风险防范。

### (三) 技术支撑作用不断增强

大数据、物联网、人工智能、云计算、区块链等新一代信息技术的迅猛发展,为食品安全追溯体系的建设夯实了技术基础。追溯的信息越来越完善,包括商品名称与产地、生产批次、农兽药使用情况、饲料来源、加工形式、流通储运及销售记录等整个供应链基础信息,以及有关商品质量与安全等的关键信息。食品检验检测技术日益趋向于便携化、智能化、速测化和系列化,风险评估技术日益系统化、精细化,过程控制技术日益精准化、定向化,溯源鉴别技术日益集成化、物联化,各种可追溯的标志随处可见,从数字码、一维码、二维码到射频识别(RFID),实现产品与溯源体系的链接,每种信息追溯标识各有优缺点与适用的追溯食品,其中,二维码由于成本低、容量大、易识别等优势,目前运用最为广泛。基于以上现代技术支撑的食品安全追溯体系,对于把握好食品安全各个环节发挥了关键监管作用。

疫情发生后,食品安全追溯体系的应用更加呈现普遍化的趋势,中央部委单位积极建立各自的农产品追溯系统,如农业农村部建立种植业产品、水产品、农垦产品等质量追溯体系,并以此为基础在全国推广运用国家农产品质量安全追溯管理信息平台,截至2020年10月,全国注册并应用该平台的生产经营主体共有10.9万个,其中,监管、监测和相关执法单位超过8 000个,覆盖891个产品种类,已实现平台全面对接、数据共享的有四川省、西藏自治区和江苏省,另还有18个省也已经进行了接口开发调试。国家市场监督管理总局建成并上线运行全国进口冷链食品追溯管理平台,截至2021年11月,31个省(区、市)已完成本地进口冷链食品追溯管理平台建设并与国家平台对接和共享。科研院所、高校、技术服务机构也研究建立了相应的食品安全追溯体系,如蔬菜质量安全溯源系统、动物食品安全可追溯系统、乳制品生产企业电子信息追溯系统等,应用覆盖领域逐步延伸，满足了不同场景下的应用需求。

### （四）冷链食品消毒方案新近发布

2020年疫情期间，进口冷链食品外包装多次被报道检出新冠病毒核酸阳性，还引发了局部零星疫情。进口冷链食品疫情传播风险扩大，使得冷链食品安全受到广泛关注。新冠病毒能够在低温下长期保持感染活性，冷链环境可促进新冠病毒跨国传播。为此，国务院联防联控机制综合组先后印发了《进口冷链食品预防性全面消毒工作方案》《冷链食品生产经营新冠病毒防控技术指南》《冷链食品生产经营过程新冠病毒防控消毒技术指南》等，为冷链食品的预防性全面消毒提供了操作指南。

## 二、存在问题

食品安全追溯体系构筑起我国食品安全严密防线，成为食品安全保障的有效手段，但仍然存在很多不足与挑战，在新冠疫情时期，这些问题尤为凸显，与精准、迅速、高效的防控要求仍有差距。

### （一）体系缺乏整合兼容

如何高效、快速整合各类追溯系统，实现各追溯系统有机互联、兼容发展，推动食品安全追溯体系从"碎片化"走向"系统化"，是新冠疫情发生后倒逼食品安全追溯体系信息化建设迫切需要解决的问题。由于地域广、种类和节点多，建立统一的食品追溯体系十分困难，从总体上看，国家、地方、企业、团体各层级食品安全追溯体系"各自为政""分段监管""互不联通"的现象仍然存在。一是增加了食品安全追溯体系的开发成本，产生了大量的"信息孤岛"与"数据垃圾"，导致了资源配置损失和浪费现象严重，难以产生规模经济。二是导致一个企业要纳入多个追溯体系，以疫情后各省市上线的进口冷链食品报备追溯系统来说，产品从某地监管仓流入异地后，需要再次进入新流通地监管仓，重复进行报备、检测、消毒、附码，重复性的工作拉长了产品的流通过程，加重了企业的经营成本。三是"分段式"监管容易造成"没人管""谁都管、谁都管一段、谁也管不好"的弊端，限制追溯系统的功能发挥，大大降低了追溯系统的性能和使用价值，从而造成食品安全监管留有空白，容易带来食品污染隐患。

## （二）标准不够健全

根据实际情况不断完善与提升食品追溯标准是确保食品安全的重要保障。我国的食品追溯标准仍需完善。一是标准体系间兼容性不充分。2019年以来，虽然国家市场监督管理总局、农业农村部、中国物品编码中心等多部门先后颁布一系列关于食品安全追溯的规范、规程和指南等标准，但是由于追溯内容、追溯目的和追溯码规范的不同，国家、地方、企业、团体各个层级间的标准体系仍然存在内容交叉或者冲突的现象，影响了各层级间追溯体系的系统兼容和数据共享，无法实现无缝衔接，降低了食品安全应急保障效率。二是标准体系覆盖面不足，难以满足新时期多品类食品的追溯要求。以冷链食品追溯为例，数据采集、传输和协议等重要指标权威标准有待提升，容易造成重点冷链食品实时关键数据追溯困难，引发追溯"断链"。三是标准的制定（修订）期比较长。我国现行的标准修订周期规定为5年，在实际执行过程中，一些标准的修订周期经常超过5年，陈旧的食品安全追溯标准无法更好地满足新时期消费者日新月异的追溯需求。四是与国际标准相比仍存在差距。后疫情时代食品的安全监管需要全球协作，食品安全标准国际化的重要性不言而喻，但目前我国食品行业国家标准与国际标准的衔接率不高，对于国际标准的采用率仅为23.4%，不利于实现对国外进口食品的全程有效追溯。

## （三）生态圈尚需构建

食品安全追溯体系的建立要求将产品从生产、加工、储运、销售等各个环节的各类信息都记录在案，目前各环节主体的参与度不足，不利于精准、快速、高效做好食品安全保障工作。从供应链层面来说，一方面，食品安全追溯体系的研发、建立时间比较长，需要投入较多的人力、物力和财力，投资回收期长、风险大，还有可能出现商业泄密等风险；另一方面，供应链各环节主体具备的自然条件不均衡，信息化程度和人员的信息化素养参差不齐，尤其是食用农产品初级生产环节目前仍靠农户完成，标准化程度低，要获取完整全面的食品追溯信息困难比较大。因此，目前整个食品行业能够搭建起这一体系的主要是大型的现代化集团食品企业，占比很小，而占绝大比例的"中、小、散"市场主体不愿参与其中。从消费者层面来说，长久以来，由于信息不对称产生的"食品谣言"对消费者的损伤，远远大于食品安全本身带来的危害，消费者对我国食品安全已经取得的巨大进步感知不明显，对食品安全及其追溯体系缺乏信任。此外，大部分消费者传统消费观念并没有得以有效提升，价格仍是其关注的重要因素，导致在现实消费中或出于不信任，或出于不感兴趣，很少有人会用二维码、条形码去追溯商品信息，滋生了大量消费者不愿理会与支付的"信息垃圾"，这又反过来对其他追溯主体参与食品安全追溯平台建设的积极性产生负面影响。从政府层面来说，虽然从总体上看，疫情以来全国食品安全追溯管理不断得以强化，但仍然有部分地方政府对于追溯管理的理解仅局限于对政策文件的被动执行上，并未进行长远而详细的规划与安排，对这一工作的重视程度更无从谈起；一些基层的食品安全监管工作者，对于追溯体系如何搭建、实际工作如何有效开展、何为工作重点难点等尚滞留于概念理解的层面上。

## (四)进口冷链食品追溯体系亟待强化

疫情发生后外防输入是疫情防控的重点,而进口冷链食品疫情防控又是重中之重。虽然国务院出台的系列文件中,对实现全流程闭环管控和可追溯性提出了要求,而且国家市场监督管理总局还组织研发并上线了进口冷链食品追溯管理平台,但是该体系的建立与运行仍然面临着一些难题和挑战。一是进口冷链食品的防控存在流通链条长、流通环节多、涉及人员广等特点,因此追溯难度大。二是病毒检测的硬件条件要求高,仅有个别有资质的单位可开展相关检测工作,而且冷链食品物流消毒具有一定的特殊性,需要同时满足食品安全标准和病毒灭活要求。三是冷链食品追溯涉及海关、卫生健康委、交通等多个监管部门,缺乏专门的管理机构,需要多个部门的协调防控,协调成本较高。

# 三、对策建议

强化食品安全保障的信息化水平,促进问题食品的快速反应、有效溯源和精准定位,既是当前监管理念和监管方式的更新与创新,也是目前进口冷链食品防控管理的迫切需求,对加强我国食品安全监管、溯源工作意义重大。

## (一)建立统一的食品追溯管理平台

一是统筹谋划,构建全国统一的食品追溯管理平台。精确发挥政府的作用,强化对各层级食品安全追溯体系的顶层设计,探索实施全国层面的统一的食品追溯平台。加强进口冷链食品追溯管理平台建设,坚决落实国务院联防联控机制综合组发布的《关于进一步做好冷链食品追溯管理工作的通知》中的各项要求,开发高通量检测方法,增加检测频次,严守入口关；深度发挥各级政府、相关行政机构之间的协同效应，并委任专门机构承担起日常管理与推行工作，以制度明确具体职责和义务。推进省级追溯信息平台的建设，加速省级平台与国家平台、生产经营主体与省级平台的数据对接，借助于省级平台在地区建立各地方质量追溯体系建设大一统的局面。二是实现存量"追溯体系"的可兼容。绝不应强制企业把已有体系推倒，改用政府、行业协会等建立的第三方追溯信息平台而增加企业负担，鼓励食品生产企业在保持使用原自有技术的基础上，将现有追溯体系纳入统一平台，实现不同层级、不同食品种类的食品追溯体系与统一平台的对接，彼此之间又能够融合，多级共享、互联互通，确保防控到位、不留死角，当有食品安全异常发生时，可以"一键排查、迅速精准定位"，为食品安全保障赢得宝贵时间。三是充分发挥食品追溯平台作用，形成食品防疫闭环合力，将监管做细做足，务必做到日常工作"管理留痕"，落实责任"有据可查"。

### （二）大力实施标准提升行动

一是加强标准建设，提升标准供给水平。食品种类繁多，每类食品、每个具体行业都有自己的特点，建议由国家、各省市场监督管理局牵头，针对不同地区、不同产品流通特性，以产品全过程通查通识为目标，制定全国、各省食品安全信息追溯管理办法和地区食品安全追溯编码规则、数据源、标识物等关键共性标准，确保不同层级、不同类别标准相衔接；加快重点领域、重要食品安全追溯标准制定和修订，及时响应与满足新业态、新模式、新科技的发展需要，推动建立政府和市场协同发挥效应的标准供给方式。二是加紧标准清理整合，提高标准适用性水平。定期开展食品安全追溯标准复审，清理整合内容交叉或冲突、老旧标准，促进标准建设从数量规模型转变成质量效应型，提升科学性、规范性、针对性。三是加强标准的宣贯实施，提升标准应用广度和深度。以食品安全追溯标准化试点示范工作为重要切入点，充分运用宣贯培训、信息反馈、综合评估等手段，逐步提高标准化工作效率和水平。四是增强国际交流与合作，充分利用好多双边国际合作交流平台，鼓励行业协会、专业组织、市场主体等积极参与国际食品安全追溯标准化活动，推进追溯方法、应急反应措施等方面先进适用国际标准在本地转化应用。

## （三）打造可持续发展生态圈

一是政府应建立健全食品安全立法，以冷链食品的安全溯源为例，涉及海关、卫生健康委、市场监管等多个部门，要联合制定食品安全追溯体系的法律法规与实施细则；设立专项资金，通过财政补贴或税收减免的形式弥补企业开发资金的不足，刺激企业积极开展食品安全追溯体系建设；强化对追溯体系建设的过程监管，对一般性追溯数据由企业履行主体职责、自行上传，对少数关键追溯数据，必须由政府监管机构进行人工审查或干预，加大对农贸市场、冷库、进口冷藏水果堆场等的监督检查，督促经营者建立进货台账和销售台账，对"两证一码"（检验检疫证明、消毒证明和随附追溯码）不对应、消毒记录台账不齐全等落实不到位问题责令整改或下架产品；提升第三方检测与认证效能，构建"一体两位"的督查评价体系，除强化政府对其监管外，引入不承担抽检任务的第三方检测机构作为监理机构，发挥同行互相监督的作用。二是企业要不断提升追溯管理意识，担负起责任主体和受益主体的义务和权利，完善配套的追溯管理体制机制，强化生产过程管理，坚持生产档案的完整与准确性，加大追溯标签信息层次的丰富程度；充分借助互联网、云计算、大数据、区块链等技术的高速发展与广泛应用，借力互联网企业服务海量用户的成功经验，促进追溯体系的运转更稳定、构建成本更亲民、老百姓使用更便捷；大力发挥市场主体的作用，鼓励企业借鉴阿里健康"码上放心"追溯平台的成功做法，依托第三方平台的食品安全追溯体系保障食品安全，实现二者双赢。三是培育形成各方互利互惠、共同发展、共享成果的食品安全追溯生态圈，引导其他参与主体积极参与食品安全追溯体系建设，及时、准确上传生产、流通和销售所有环节的各类信息。四是广泛开展形式多样的食品安全常识科普宣传，定期邀请消费者参与商家售卖的常用食材快检活动，增强消费者对食品安全及其追溯体系的信任程度，引导消费者在购买进口（冷链）食品时，主动查验追溯码，坚决不买来历不明、没有溯源信息的进口冷链食品。

**（四）建立良好运行技术环境**

一是探索多元化科技投入方式，加大全社会对于食品安全追溯体系的技术研发力度，不断提升溯源管理能力，高效利用大数据、区块链、人工智能等现代信息技术，提高溯源管理的针对性、有效性和科学性，切实推进溯源管理为新时期食品安全保驾护航。二是强化对食品安全追溯体系的用户尤其是初级农产品规模生产主体管理人的培训，研发适合农户使用的简便易行的追溯平台，考虑将追溯系统嵌入大家日常使用的微信、支付宝等社交软件，简化操作流程，使其熟练掌握追溯平台的操作方法，方便产品电子档案的建立，为实现追溯管理的标准化、规范化和精细化夯实基础。三是简化消费者追溯操作流程，加大科普培训力度，提高消费者对食品安全追溯体系的认知水平与操作能力。

综上所述，后疫情时代，我国食品安全追溯体系面临着现有体系仍需持续健全以及冷链食品溯源新型体系亟待建立等挑战。新时期可以通过科技创新和科普教育齐头并进的举措，推动食品安全追溯体系的创新和完善，开启保障民众健康的新征程。

**参考文献**

曹裕，李青松，胡韩莉，2020. 基于消费者行为的食品溯源信息监管策略研究［J］. 运筹与管理，29（8）：137-147.

高飞达，冯秋明，2021. 区块链技术的冷链追溯探讨［J］. 条码与信息系统（5）：16-17.

何静，刘位祥，王威然，2018. 水产品生产加工企业可追溯系统有效性评价体系的构建［J］. 食品工业，39（12）：260-264.

何秋蓉，2018. 农产品质量安全追溯关键技术研究［D］. 广州：华南农业大学.

李海洲，敖龙怡，唐衍军，2021. 区块链技术赋能冷链食品质量安全监测研究［J］. 粮食与油脂，34（10）：156-158，162.

李颖，刘金苹，2012. 构建食品质量可追溯体系与企业社会责任［J］. 消费经济，28（4）：77-80.

梁光纤，王华，蒙丽琼，2021. 广西区内食品销售者参与食品安全追溯体系的影响因素［J］. 食品安全质量检测学报，12（1）：382-388.

凌俊杰，程禹，梁超，2013. 国内外食品安全追溯及系统分析［J］. 食品工业，34（5）：186-190.

刘增金，乔娟，2014. 消费者对可追溯食品的购买行为及影响因素分析：基于大连市和哈尔滨市的实地调研［J］. 统计与信息论坛，29（1）：100-105.

刘宗妹，2020."区块链+射频识别技术"赋能食品溯源平台研究［J］. 食品与机械，36（9）：102-107.

潘慧萍，李宝安，吕学强，等，2021. 湘冷链：基于区块链的冷链溯源系统［J］. 食品与机械，37（9）：145-152.

王玎，梁厚广，苏冠群，等，2015. RFID技术在肉制品追溯体系中的应用研究［J］. 食品工业，36（1）：237-239.

王虹，王成杰，杨旭，等，2021. 进口食品追溯体系的现状及发展趋势［J］. 食品与发酵工业，47（13）：303-309.

徐玲玲，赵京，李清光，等，2017. 食品可追溯体系建设的标准问题研究［J］. 重庆大学学报（社会科学版），23（4）：56-63.

徐若芬，徐畅，范体军，2021. 考虑追溯水平的食品厂商竞争决策研究［J］. 中国管理科学，29（1）：116-126.

曾小青，李静茹，李澈，2021. 考虑批次的可追溯食品冷链中污染源定位与追踪［J］. 中国农业大学学报，26（10）：264-276.

赵丙奇，章合杰，2021. 数字农产品追溯体系的运行机理和实施模式研究［J］．农业经济问题（8）：52-62．

赵荣，陈绍志，乔娟，2011．基于因子分析的消费者可追溯食品购买行为实证研究：以南京市为例［J］．消费经济，27（6）：63-67,92．

周静，房瑞景，2012．中国食品安全溯源信息监管现状、问题与政策建议［J］．农业经济（10）：61-62．

朱利莎，2019．食品安全全程追溯制度探析［J］．中国调味品，44（7）：191-194．

# 第三篇

# 生态保护篇

# 报告9　北京市农村污水处理工艺演变历程与现状解析

## 一、前　言

当前，农村污水治理已经成为乡村人居环境建设的重要短板。为加强农村污水治理，住房和城乡建设部督促各省市出台了严格的农村生活污水处理设施水污染物排放标准。然而，相较于城镇，农村污水治理起步较晚，尚未形成完善的技术标准体系。许多污水处理设施因工艺设计不合理，频繁暴露出运营资金匮乏、运行效率低下等典型问题，已无法满足不断增长的受纳水体环境保护目标需求。建立完善的技术标准体系，引导污水处理技术"因地制宜"发展，是当前农村污水治理亟待解决的重要任务。已有的大量研究主要是从室内模拟和案例分析等角度开展农村污水处理适宜工艺探索，但少有研究从区域尺度开展农村污水处理技术发展趋势的系统性分析。为此，北京市农林科学院数据科学与农业经济研究所联合北京师范大学环境学院和北京市生态环境保护科学研究院对北京郊区农村680座集中式污水处理设施开展了现状调查，并结合相关文献资料，从污水处理工艺种类与数量、工艺建设时间、工艺组合模式3个角度解析农村污水处理工艺发展历程与现状特征，以期为北京及其他省市农村污水处理技术标准制定和工艺选择提供科学支撑。

## 二、数据来源与方法

### （一）数据来源

2019年，课题组冬夏两季对北京市13个涉农区级行政范围内的680座农村集中式污水处理设施展开了现场调查，收集了每座设施包括工艺类别、工艺名称、工艺组合方式、建成或投用时间等工艺建设方面的详细资料。

### （二）数据分析方法

利用Tableau、OriginPro、R语言进行数据分类汇总、统计分析与可视化。图9-1由Tableau和OriginPro9.0软件绘制。图9-2由R语言"ggplot2"包绘制。图9-3A由R语言"circlize"包绘制，图9-3B由R语言"networkD3"包绘制。

### （三）工艺分类及名称缩写

参照第二次全国污染源普查集中式污染治理设施产排污系数手册，将农村污水处理工艺分为好氧生物处理、厌氧生物处理、物理处理、化学处理、生态处理和组合工艺6个类别。文中涉及的工艺技术名称缩写如下。MBR：膜生物反应技术；AO：厌氧—好氧处理技术；$A^2O$：厌氧—缺氧—好氧处理技术；SBR：序批式活性污泥法技术；$AO^2$：厌氧—两级好氧处理技术。

## 三、北京市农村污水处理工艺现状特征

### (一) 北京市农村污水处理设施采用的技术工艺类型多样

通过对680座北京市农村集中式污水处理设施的调研统计，采用的技术工艺高达42种。其中，好氧生物处理工艺占比最高，为72.9%，其次为组合工艺（13.4%）和生态处理工艺（9.1%），物理处理工艺（4.4%）和厌氧生物处理工艺（0.2%）占比较低。从各工艺数量来看，当前北京农村集中式污水处理设施采用最广泛的5种工艺分别为：MBR、生物接触氧化、人工湿地、$A^2O$ 和 $A^2O$+MBR，采用以上工艺的设施占所有设施的比例分别为51.9%、9.1%、8.5%、6.0%和5.0%（图9-1）。

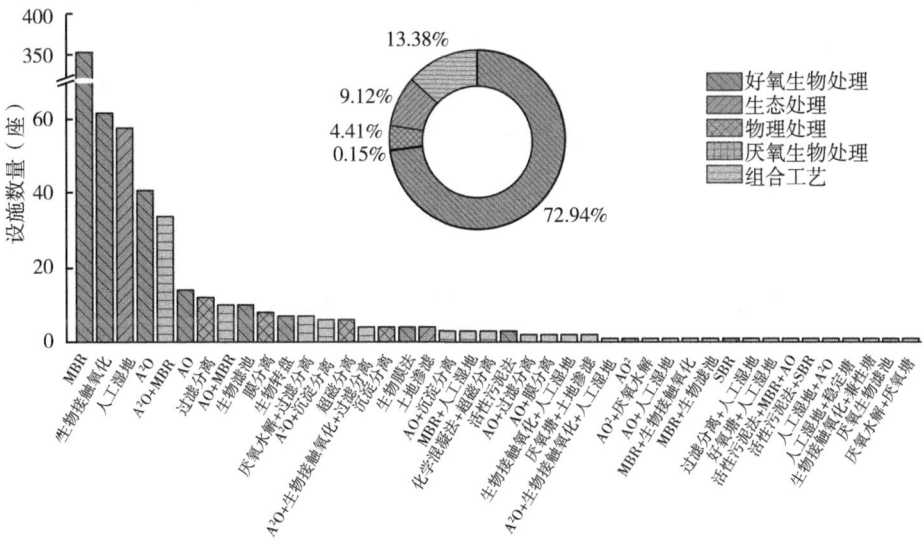

图9-1 北京市农村集中式污水处理设施采用工艺种类及数量分布

## （二）城镇污水处理厂工艺技术在北京农村广泛应用

调查发现，当前城镇污水处理厂普遍采用的 MBR、$A^2O$、生物接触氧化等传统好氧生物处理工艺技术在北京农村集中式污水处理设施中应用广泛。相比于城镇地区，我国农村污水治理起步较晚，至今尚未建立完善的农村污水处理技术标准体系，农村地区污水处理技术多为参考传统城镇污水处理技术，而缺少针对农村的创新应用，这也是目前城镇污水处理厂工艺技术在农村广泛应用的原因。MBR 工艺技术污染物综合去除性能优越，且出水水质稳定。采用此类工艺的设施主要分布在密云、怀柔和房山山区等生态功能涵养及重要水源地保护区域。生物接触氧化和 $A^2O$ 工艺技术发展成熟，能满足人口密集村庄污水处理需求。采用此类工艺的设施主要分布在通州、顺义等城乡接合部区域。以上两类工艺技术的占比为 71.4%。可见，保护水源地安全和实现人口密集村庄污水治理是当前北京农村污水治理的重要目标。除上述工艺技术外，北京市农村集中式污水处理设施还采用了 37 种其他工艺技术，这些工艺技术的占比为 19.5%。这表明北京农村污水处理工艺未局限于城镇污水处理模式，多元化的新型工艺及组合工艺在北京农村地区也得到了广泛应用。

## 四、北京市农村污水处理工艺模式演变历程

### （一）北京市农村污水处理经历了三个主要发展阶段

早期探索阶段。在 2005 年党的十六届五中全会提出"建设社会主义新农村"战略之前，北京市农村污水处理处于一个探索阶段，最主要的污水处理设施是化粪池、氧化塘、沼气池等。这些处理设施多为村庄或农户自行筹资建设，工艺一般较为简单，投资运行费用低，但处理效率低下，容易产生臭味。这期间，北京市农村污水处理问题严峻，"脏乱差臭"现象

广泛存在。在一些近郊经济条件好的区域,通过小城镇建设专项资金建立的乡镇污水处理厂对周边村庄污水进行收集处理。这时期总体来说,污水处理量小、水平低。

新农村建设时期快速发展阶段。在2005年提出"建设社会主义新农村"战略任务之后,按照《中共中央 国务院关于推进社会主义新农村建设的若干意见》中提出的"生产发展、生活宽裕、乡风文明、村容整洁、管理民主"的总体要求,新农村建设事业如火如荼地在全国范围内展开。在村容整洁方面,北京市要求加强污水处理设施建设。从2006年开始,北京市农村污水治理开始纳入政策规划,农村地区陆续建立了一批污水处理设施,探索采用分散处理、集中处理和接入市政管网3种模式处理农村生活污水。到2006年,北京市已有240个村建有污水处理设施。截至2007年底,全市481个村建有污水处理设施。2010年底,全市770个村建有污水处理设施,覆盖率为19.5%。

美丽乡村建设处于加速发展阶段。这一阶段,北京市接续实施了污水治理三年行动计划,提出农村污水处理设施采用"城带村""镇带村""联村"及"单村"4种建设方式,通过加强管网建设,强化乡镇污水处理厂收集处理能力,标志着北京市农村污水治理开始向专业化和集约化方向发展。当前,北京市农村地区污水收集与处理主要采用分散处理、单村或联村处理、城镇带村处理3种方式。其中,通过集中式污水处理设施收集处理的"单村"和"联村"处理为主要模式,占比78%;其次为通过乡镇污水处理厂收集处理的"城、镇带村"处理模式,占比为18%;分散处理占比仅为4%。

## (二) 现有污水处理设施主要建于新农村和美丽乡村建设阶段

基于680座农村集中式污水处理设施采用工艺种类及建设时间信息,解析2003—2019年北京市农村污水处理工艺类型和典型工艺的建设、发展与变化历程(图9-2)。横坐标为设施建成或投用时间(年),纵坐标轴在零值两侧对称。填充面积表示设施数量,不同工艺以不同灰度区分。虚线标注了工艺模式发生转变的时间节点。

可见，北京市现存的农村污水处理设施大多集中于两个阶段建设，分别是2005—2011年和2015—2018年。超过50%的农村污水处理设施建设于2011年以前，其工艺设施陈旧，设备和技术均亟待更新。尤其是采用MBR工艺和人工湿地的污水处理设施，主要建于2006—2010年，多数设备陈旧老化，处理效率低，已经不能满足农村污水处理的实际需求。设施陈旧、损坏、效率不高、维修速度慢或者无维修技术、无维修资金等，是污水处理设施停运和排水不达标的重要原因。

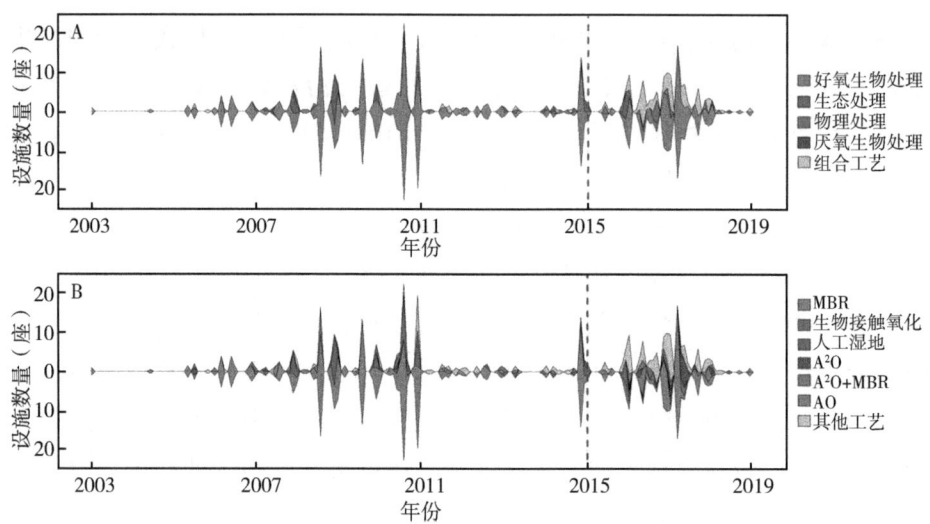

图9-2 北京市农村污水处理工艺类型（A）和典型工艺（B）建设时间与数量演变特征

## （三）农村污水处理工艺由城镇污水处理模式向多元化模式转变

由图9-2A可知，2003—2019年，北京市农村集中式污水处理设施以好氧生物处理工艺为主。生态处理工艺主要建设于2008—2011年和2015—2016年。物理处理工艺主要建设于2016—2017年。从2015年开始，组合工艺在农村集中式污水处理设施中得到了广泛应用。

由图 9-2B 可知，2003—2015 年，采用好氧生物处理工艺的设施中，绝大部分设施选择了 MBR 工艺，少部分设施选择了生物接触氧化、$A^2O$、AO 等工艺。而 2015 年之后，采用好氧生物处理工艺的设施中，MBR 工艺的占比大幅下降，$A^2O$ 及 $A^2O$+MBR 等组合工艺得到了广泛的应用。此外，2015 年之后建成的设施中，MBR 工艺不再是优势工艺，工艺选择更加多元化，城镇污水处理模式工艺之外的"其他"类工艺的占比显著提高。以上结果表明，北京市农村集中式污水处理设施的工艺模式从 2015 年开始由城镇污水处理模式向多元化模式转变，传统工艺之外的新型工艺此后得到了迅速发展。

北京市从推进新农村建设开始便积极探索适用于农村地区的污水处理工艺模式。然而，由于缺乏治理经验和指导标准，工艺选择、设计多参照城镇模式，导致污水处理设施在探索实践中出现了诸如工艺选择缺乏针对性、设计规模不合理、运行效率低下等典型问题。2016 年，北京市发布了第二个"三年行动方案"，要求项目实施主体根据不同区域的生态地理特征和受纳水体采用适宜的农村污水处理技术。在政策指引下，"因地制宜"选择污水处理技术成为农村污水处理工艺设计的重要原则，并推动了北京农村污水处理工艺向多元化模式转变。

与此同时，为了满足愈发严格的污水排放标准和不断提高的水体环境保护需求，组合工艺近年来在北京市农村地区应用广泛。综合图 9-1、图 9-2A 和图 9-2B 可知，从 2015 年开始，好氧生物处理工艺与物理处理工艺、生态处理工艺构成的组合工艺在北京农村集中式污水处理设施中得到了广泛的应用。根据现场调查结果，当前北京地区有 95 座农村集中式污水处理设施采用了组合工艺，占所有设施的 14.0%。

# 五、北京市农村污水处理工艺组合模式剖析

## （一）污水处理设施采用的组合工艺以多级好氧生物处理类为主

结合调研数据，从工艺类别角度解析了北京市农村污水处理工艺组合

方式及其占比,见图9-3A。其中,各类工艺分别用不同灰度表示,带箭头的曲线标注了各类工艺的组合方式,数字标注了该组合方式占所有组合方式的百分比。

分析图9-3可见,当前北京农村集中式污水处理设施采用"好氧+生态"组合方式的占比较小。北京农村集中式污水处理设施采用的组合工艺以多级好氧生物处理工艺为主(52.8%),其次为"好氧+物理"(18.7%),"好氧+生态"占比为11.0%。此外,还有少部分设施采用了"厌氧+物理"(7.7%)、"物理+化学"(3.3%)、"厌氧+生态"(3.3%)等组合方式。根据现场调查结果,采用组合工艺的设施主要分布在顺义西部、通州北部及海淀北部等城乡接合部区域。这些地区人口密度大,生活污水主要采用联村建站方式收集处理,且COD、$BOD_5$等污染物的排放限值较严,因此设施多采用技术发展成熟、污染物去除性能较好的多级好氧生物处理工艺。

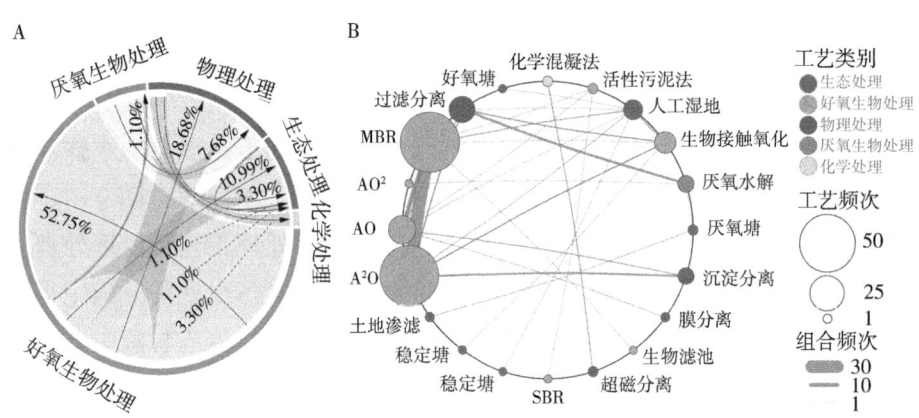

**图9-3 北京农村污水处理工艺组合模式**

A,工艺类别组合方式及占比;B,工艺组合方式及频次。

## (二) MBR、$A^2O$ 和 AO 是污水处理组合工艺中采用的主要技术

每一类污水处理工艺还涉及多种不同技术类型。从具体技术角度解析

北京农村污水处理技术组合方式及频次（图9-3B）。其中，各工艺用不同大小和灰度的圆点表示，圆点灰度表示工艺类别，圆点大小表示该工艺参与组合的频次；各工艺间的组合以线条表示，线条粗细表示该组合出现的频次。

由图9-3B可知，参与组合的各类工艺中，好氧生物处理工艺的种类最多（8种），其次为生态处理工艺（6种）、物理处理工艺（4种）、厌氧生物处理工艺（1种）和化学处理工艺（1种）。MBR、$A^2O$和AO是北京农村污水处理工艺中参与组合频次最高的3种技术（分别为51次、51次和20次）。物理工艺中，过滤分离和沉淀分离工艺技术参与组合的频次最高（分别为18次和9次）。生态工艺中，人工湿地工艺技术参与组合的频次最高（12次）。从工艺技术组合出现的频次来看，"$A^2O$+MBR"是当前北京农村污水处理中出现频次最高的技术组合方式，其频次为34次，占所有组合频次的32.6%。其次为"AO+MBR"组合方式，其频次为11次（占比为10.7%）。此外，"厌氧水解+过滤分离"组合方式在部分集中式污水处理设施中得到了应用，其频次为7次（占比为6.7%）。

根据现场调查结果，采用"$A^2O$+MBR""AO+MBR"两种工艺技术组合方式的农村集中式污水处理设施主要分布在人口稠密、土地资源紧缺的城乡接合部村庄。这类村庄具备一定的经济实力，同时对污水处理设施的污染物去除性能、抗冲击负荷能力、出水水质稳定性、占地面积等方面有较高要求。此外，作为传统好氧生物处理工艺，$A^2O$和AO技术发展成熟、脱氮除磷性能优越，但占地面积大、抗冲击负荷能力弱，且出水水质不稳定。MBR工艺弥补了上述不足，由此$A^2O$、AO与MBR的组合工艺在城乡接合部村庄得到了广泛应用。采用"厌氧水解+过滤分离"组合工艺的设施均位于通州区的城乡接合部村庄。近年来，通州区结合河道黑臭水体治理工程解决了部分农村污水治理问题，作为处理高浓度有机污水的有效工艺，厌氧生物处理技术在河道黑臭水体治理及农村生活污水治理中得到了少量应用。人工湿地、土地处理系统、生态塘等生态工艺虽然具有成本低、操作简单等优势，但占地面积大、环境适应性弱，目前在北京农村污水处理工艺中参与组合的频次较少。

## （三）"好氧+生态"工艺技术组合模式具有较大的发展空间

随着农村社会经济的发展，农村污水产生、排放量不断增加，污染物组成愈加复杂。在保证经济有效性的前提下，寻找技术性能更优越的污水处理技术成为当前农村污水治理的一个重要研究方向。每种污水处理工艺都存在优势和不足，如好氧生物处理工艺通常具有较好的污染物去除能力，但建设、运营成本较高。生态处理工艺建设、运营成本较低，但污染物去除性能较差。通过采用合理的组合方式，实现各种工艺优劣互补，不仅可以提升工艺稳定性、强化污染物去除，还可以降低运营管理难度、节约运营成本。为了寻求性能高效、技术稳定、经济廉价的农村污水处理工艺，各种组合工艺得到了广泛研究。

综合上述工艺组合和具体工艺技术的分析，为了满足严格的污水排放要求，北京农村部分污水处理设施选择了组合技术。其中，MBR、$A^2O$、AO等传统好氧生物处理工艺得到了广泛的应用，而人工湿地、生态塘等生态处理工艺的应用占比较小。根据北京农村污水处理目标及工程实践，好氧生物处理工艺仍然会发挥污染物去除的关键作用。但目前北京农村地区广泛采用的MBR等好氧生物处理工艺，其运行成本较高，经济可持续性差。低能耗、低成本的生态工艺可弥补这一缺陷。2016年北京市发布的第二个"三年行动方案"和2019年住房和城乡建设部发布的农村生活污水处理工程技术标准均将人工湿地等生态处理工艺作为农村生活污水处理推荐技术工艺。"好氧+生态"工艺组合模式在北京农村地区具有较大的发展空间。

## 六、主要结论

由于历史原因和地域特殊性，北京农村污水处理工艺主要参照了城镇污水处理模式，当前以MBR、生物接触氧化、$A^2O$等好氧生物处理工艺为主。在相关政策引导下，北京农村污水处理工艺模式从 2015 年开始由城镇污水处理模式向多元化模式转变，促进了新型污水处理工艺及组合工艺在农村地区的应用。但生态处理工艺及其组合工艺的占比仍然较小，"好氧+生态"工艺技术组合模式在农村地区具有较大发展空间。当前，农村污水处理工艺选择缺乏完善的技术指导标准，设施运行经济可持续性差，亟待加强技术标准的建立工作，保障农村污水治理"因地制宜"发展。

## 参考文献

陈江杰，贺雷蕾，刘锐，等，2020. $A^2O$ 设施处理长三角平原地区农村生活污水的效果 [J]. 中国给水排水，36（9）：75-82.

顾华，2009. 北京市农村污水处理成效及经验探讨 [J]. 中国建设信息（水工业市场）（6）：19-21.

郝目远，马宁，刘操，等，2019. 北京市农村生活污水处理适宜模式研究 [J]. 北京水务（1）：20-24.

何星海，马世豪，罗孜，2013. 北京市《城镇污水处理厂水污染物排放标准》解读 [J]. 给水排水（10）：123-127.

黄锦楼，陈琴，许连煌，2013. 人工湿地在应用中存在的问题及解决措施 [J]. 环境科学，34（1）：401-408.

李先宁，吕锡武，孔海南，等，2006. 农村生活污水处理技术与示范工程研究 [J]. 中国水利（17）：19-22.

李宪法，许京骐，2015. 北京市农村污水处理设施普遍闲置的反思（Ⅰ）[J]. 给水排水，51（6）：48-50.

李宪法，许京骐，2015. 北京市农村污水处理设施普遍闲置的反思（Ⅱ）：美国污水就地生态处理技术的经验及启示 [J]. 给水排水，51（10）：50-54.

梁凯，2011. 生物处理技术在高浓度有机废水处理中的研究进展 [J]. 工业水处理，31（10）：1-5.

廖日红，2012. 北京市农村污水处理技术的研究与应用 [J]. 水工业

市场 (9): 42-45.

刘俊新, 2017. 因地制宜, 构建适宜的农村污水治理体系 [J]. 给水排水, 53 (6): 1-3.

任朝斌, 于磊, 顾华, 等, 2013. 京郊生活污水处理设施运行现状调研与分析 [J]. 中国给水排水, 29 (14): 5-8.

王鸿远, 陈子爱, 潘科, 等, 2020. MBR 工艺在农村生活污水处理中的应用 [J]. 中国沼气, 38 (3): 42-45.

夏斌, 盛晓琳, 许枫, 等, 2021. $A^2O$ 与人工湿地组合工艺处理长三角平原地区农村生活污水的效果 [J]. 环境工程学报, 15 (1): 181-192.

谢林花, 吴德礼, 张亚雷, 2018. 中国农村生活污水处理技术现状分析及评价 [J]. 生态与农村环境学报, 34 (10): 865-870.

赵志强, 2010. 北京市昌平区新农村污水处理技术探讨 [J]. 水利水电技术, 41 (3): 29-33.

# 报告10　乡村振兴背景下生态涵养区发展困境与路径探析
## ——以北京市为例

"乡村振兴，生态宜居是关键。"生态涵养区是遵循生态系统系统性和完整性，在一定流域和区域范围内划定的具有保障生态安全、提供良好生态、涵养水源等重要功能的区域。生态涵养区不仅具有重要的生态功能，也是城乡可持续发展的重要区域。乡村是生态涵养区的主体，由于生态涵养区的敏感性与脆弱性，该区域社会经济发展相对落后，产业发展空间相对较小，直接制约着当地农民生活水平的提高。虽然生态涵养区不以发展经济为目标，但不是不要发展，仅依靠政府公共财政投入以及生态补偿是难以实现乡村振兴的。"绿水青山就是金山银山"指明了生态涵养区的发展方向，如何解决保护生态环境与经济发展之间的矛盾，探索绿色发展之路是当前生态涵养区面临的重大课题。

农业农村现代化是新时期国家实施乡村振兴战略的总目标，率先实现农业农村现代化是发达城市地区的重大任务。北京作为首都，农业农村现代化水平在多个方面处于全国领先地位，城乡融合发展水平也在全国各省（区、市）排在前列。《北京城市总体规划（2016—2035年）》指出，生态涵养区作为市域空间结构的重要组成，是保障首都可持续发展的关键区域。然而，从北京全市整体衡量，虽然生态涵养区环境优良，但地处远郊，城镇化水平偏低，低收入村集中，长期是首都建设的短板。因此，如何在守护好绿水青山的同时，推动绿色发展，实现生态美、百姓富，实施更加符合生态涵养区特点的乡村振兴路径亟待破题。

## 一、北京市生态涵养区发展现状

北京市生态涵养区范围包括门头沟区、平谷区、怀柔区、密云区、延庆区，以及昌平区和房山区的山区部分，土地面积11 259.3千米$^2$，占市域面积的68%。对于人口高度密集的超大城市，生态涵养区被定位为城市的"大氧吧"和"后花园"，为首都以及周边省市人民提供了自然环境优美的理想休憩区域。近年来，生态涵养区着力发展绿色产业，逐步构建特色化、品牌化、差异化发展格局。例如，昌平区以"农业嘉年华"等节庆活动促进产业融合；平谷区打造农业科技创新示范区，推动科技农业发展；房山区坚持把沟域经济作为重点，形成"一沟一品一特色"的发展态势；门头沟区聚焦精品民宿，网格化推动旅游业发展；怀柔区稳步发展乡村旅游，让农民"捧住生态金饭碗"；密云区持续扶持蜂产业，品牌效应初步显现；延庆区依托世园会、冬奥会等世界级盛会，加快发展全域旅游等。

虽然北京市较早地划定了生态涵养区，在生态保护、补偿、建设、发展等多方面奠定了扎实的制度和政策基础，探索走出了具有首都特色的生态保护和绿色发展之路，但现阶段也面临一些新的问题和挑战。

## 二、北京市生态涵养区发展困境

### （一）生态涵养基础条件不足

一是生态保护基础条件不足。生态涵养区森林树种结构单一，混交林少，中幼林、低效林多，森林质量相对较差，生态系统调节与支持服务能力不高。森林视频监测系统等设施有待升级，消防队伍建设滞后，生态保护资金投入不够。二是生产生活服务的基础条件不足。生态涵养区基础设施仍存在短板,垃圾处理设施不健全,污水集中处理普及率不高,电力设施老化失修严重,防灾减灾设施欠缺,文化基础设施相对滞后,教育质量和养老、医疗、卫生保障水平偏低。三是发展的基础条件不足。生态涵养区之间及与中心城区连通路网密度不够,通达效率不高,与重大功能布局相匹配的水电气热及信息等重大基础设施需要跟进,旅游服务设施不足,导致吸引城市高端要素能力不足,制约产业发展。土地资源要素配置出现偏差,为保障新城、工业区和重点项目建设,许多乡镇甚至重点镇的建设用地指标被调走,导致镇村建设用地指标紧缺,影响了镇村事业发展。

## (二)生态补偿政策不够完善

一是生态补偿范围需要进一步拓宽。目前,国家级、市级自然保护区林地有生态补偿,而水源保护区、湿地保护区、区级自然保护区以及经济林等,同样能发挥涵养生态的作用,但享受不到生态补偿的红利。二是补偿政策标准有待提高。护林员承担着看护巡查、森林防火、禁牧、禽流感监测、野生动物救助等重要职责,但岗位补贴每月仅有数百元。另外,山区大部分林地为生态公益林,虽然农民能享受公益林补偿金,但标准较低。三是补偿政策方式需要多元化。目前主要由市、区两级政府支出补偿经费,一方面生态补偿范围扩大和水平提高必然受到财力增长的制约,另一方面也难免造成政府财政负担越来越重,不利于可持续发展。

## (三)产业长期受到限制

生态涵养区由于功能定位的原因,具有更为严格的产业准入条件,自身缺乏"造血"功能,绿色产业、高精尖产业发展相对缓慢,符合功能定位的产业支撑严重不足,缺乏容纳年轻人就地就近就业的产业和就业岗位,因而老龄化、空心化社会问题突出,从事农业、林业、服务岗位的大多为"三八六零"人员,生态养护岗位收入不足以吸引年轻人和社会力量,农业、林业、生态涵养后继乏人,导致乡村产业生存陷于困境,集体企业生存艰难。生态涵养区发展乡村民宿、森林康养、休闲农业、田园综合体等新产业新业态虽然受到鼓励，但面临供地、安全监管、污染防治等诸多因素制约，近年来总体出现下滑。

### （四）农民持续增收乏力

近年来，虽然政府不断加大对农业农村发展的支持力度，但受到经济下行压力加大、清产核资产权权属调整、清理低端落后产能后新产业尚未落地等因素影响，农村集体经济资产总量减少，收入逐年下降，收不抵支的村占全市村庄的50.3%，农村居民收入水平与城镇居民相比，差距逐年拉大。2005—2020年，北京城乡居民人均可支配收入绝对差距从2005年的9 793元扩大到2020年的45 476元，年均扩大超过2 500元。而生态涵养区农村居民人均可支配收入始终低于全市平均水平，收入差距近年来呈小幅拉大趋势。门头沟、延庆、平谷、密云、怀柔5个区农村居民人均可支配收入与全市平均水平的差距从2015年的1 064.6元增大到2021年的3 027.2元，年均增幅19.03%。

## 三、存在问题的原因

### （一）生态涵养区自然条件差，建设成本较高

北京市处于城镇建设区、生态保护红线区、乡村风貌区等各类不同地区的村庄情况差别很大。生态涵养区是人口密度和建设强度最低的区域，也是城镇化水平较低、发展基础相对薄弱的地区，山区和浅山区面积占比较高，资源条件相对不足。有些区水土流失、废弃矿山和沙化土地面积仍比较大，局部自然灾害生态风险防范压力一直处于较高水平。例如，房山区轻度以上水土流失面积有600多千米$^2$，其中，强度、极强度和剧烈水土流失面积仍然占20%以上。有些区在基础设施、公共服务

等方面还有诸多薄弱环节，推进基础设施提档升级的成本相对较高。虽然市级对生态涵养区基础设施建设的转移支付力度比平原地区更大，但尚不足以从根本上解决长期落后的问题。以污水治理为例，生活污水收集的骨干管网市级按照90%的比例给予资金支持，但是，按照现行政策估算，骨干管网资金仅占全部管网投资的30%左右。此外，因农村胡同狭窄等因素，铺设污水管道势必会造成供水管道破坏，需修缮或者重新翻建，无形之中又增加了成本。

## （二）正处于推进改革和编制规划期间，落实依据不清

目前，从中央到地方都处于推进改革和编制规划的关键时期，相关政策文件和规划落地的实施细则尚未出台，加之土地、财政等方面约束性规定较多，导致多项审批工作依据不足，部分政策和规划难以落地，也因此造成当前的各项政策措施强调保护多、鼓励发展相对不足。例如，为破解乡村产业发展的土地瓶颈，中央一号文件和市委市政府关于实施乡村振兴战略的措施及北京市乡村振兴战略规划中，都对农村一二三产业融合发展、新产业新业态的用地做了明确规定。新修正的《中华人民共和国土地管理法》也明确允许集体经营性建设用地直接入市，为盘活乡村土地资源创造了条件。但生态涵养区普遍反映，相关政策缺乏实施细则和工作指导，存在较多盲点，难以付诸实践。再如，市级各部门对生态涵养区的政策资金支持力度明显提高，但在乡村旅游瓶颈道路、生态停车场、废弃矿山修复等领域支持政策尚不明确，导致相关工程项目难以推动实施。

## （三）部门之间缺少统筹协调，政策边界模糊

出台的政策多侧重单一目标，相互之间缺少协同，有时会出现政策边界不清晰甚至相互"打架"的情况。也有的政策出台后，缺少配套措施，导致难以实施。例如，生态涵养区森林资源丰富，根据国家林业和草原局的指导意见和市委市政府的指示要求，急需规划实施林下种植养殖和森林

康养等项目，但多因为生态保护和土地性质等方面的约束而难以成功立项。目前，北京全市林下经济只有约 17 万亩，占林业总面积的 1%。再如，有的区在乡镇域国土空间规划编制中，要求各乡镇预留 5% 的建设用地指标用以农业设施和旅游设施的点状供地"规划落图"，但是，由于缺乏对产业落地引导、培育的财税等方面的配套政策支撑，吸引不到社会资本进入，致使项目无法落地。

### （四）对生态涵养区发展路径认识有待进一步统一

2020 年，北京市地区生产总值 3.61 万亿元，人均地区生产总值 16.1 万元，位居全国第一，按国际标准稳居发达地区收入水平。三次产业比重为 0.4∶15.8∶83.8，属于典型的后工业化发展阶段，是全国唯一进入减量发展地区。因此，保护生态还要不要发展、要不要建设以及在保护中如何发展建设，各级政府在认识方面存在着不一致。另外，在北京实施减量发展中，如何处理好"减量"与"发展"的关系，如何处理好"保护"与"发展"的关系，如何处理好城市发展与乡村发展的关系，都有待进一步明确。随着农业份额、农民数量减少，基层政府对"三农"工作的重视程度下降，"懂农业、爱农村、爱农民"的工作队伍有所削弱，加上生态涵养区严格的环保、生态、节水、控违要求，部分地区忽视农业、不要农业、农业"清零"的倾向较为明显，处理简单生硬、"一刀切"的做法时有发生，乡村振兴任重道远。

## 四、推进北京市生态涵养区乡村振兴路径探究

作为实现农业农村现代化的重要组成部分，推进生态涵养区建设应紧紧抓住新机遇，按照乡村振兴的目标，优先生态环境保护，加快城乡融合发展。通过剖析现阶段生态涵养区面临的问题，找差距、补短板，得出生态涵养区建设应以"生态建设优化环境，绿色发展富裕人民"为根本目

标，推进全面保护、全面建设、全面补偿、全面发展和全面改革，促进全市郊区均衡发展。

### （一）以优化环境品质为目标，加快推进对生态空间的全面保护

加强生态涵养区建设，全面保护是宗旨。一是要强化生态涵养区生态保护和绿色发展导向，加强分区分类引导，科学实施全域全类型国土空间用途管制。加强对森林覆盖率、主要污染物减排、能源消费总量和单位地区生产总值能耗下降率、用水总量和单位地区生产总值水耗下降率等生态环保类指标的考评，并相应加大权重设置。严守生态保护红线，严控房地产开发建设规模，严格执行新增产业禁止和限制目录，严禁不符合主体功能定位的各类开发活动，明确各级各有关部门责任。二是要进一步加大生态修复、生态建设力度。加强河道及小流域生态化综合治理，构建清洁健康的水网体系。积极创建国家级森林城市，推进新一轮平原造林、水源涵养区封山育林、公益林管护等工程，以乡土植物为主，构建"复层、异龄、混交、多功能"的近自然地带性植物群落，形成稳定的森林生态系统，并持续对低质低效林进行改造，实施退化林修复。

### （二）以补齐短板为重点，加快对生态系统的全面建设

加强生态涵养区建设，全面建设是基础。一是提升农村人居环境品质。继续夯实生态涵养区绿色生态底色，抓好农村污水、垃圾、厕所、绿化景观等村庄环境的存量建设和各类工程设施的技术提升改造。建管并重，把后期管护切实摆在突出位置上，强化制度和资源建设。二是着力补齐公共服务设施短板。适应生态涵养区人口变化趋势、新型城镇化走向、城乡融合发展路径，科学规划布局，全力推进教育、医疗、卫生、养老、文化、体育、灾害避险等便民服务设施建设，不断提升生态涵养区百姓的获得感、幸福感、安全感。三是推进重大基础设施配套建设。根据生态涵养区功能承载需要，加强主要交通路网、电力设施、新型清洁能源保障、会展会馆

以及以 5G 网络等为代表的新型基础设施建设，提高承接高新产业落地发展的能力。四是加强制度保障。建立健全投入保障制度，创新投融资机制，加快形成财政优先保障、金融重点倾斜、社会积极参与的多元投入格局。推动深化生态涵养区与其他区域优势互补、合作共赢的结对协作机制，建立跨区横向转移支付制度。

### （三）以绿富同兴为出发点，推进对生态要素的全面补偿

加强生态涵养区建设，全面补偿是要件。一是完善空气质量生态补偿机制。健全大气污染防治专项转移支付资金制度，将市级财政转移支付资金与各区空气质量改善、主要污染物减排等情况挂钩。二是持续推进水环境生态保护补偿，每月监测各区跨界断面水质状况并核算水质补偿金。三是探索建立生态保护红线区生态保护补偿机制。四是完善生产性补偿、建设性补偿、就业性补偿、效益性补偿等政策。细化补偿客体，丰富补偿内容，适时调整补偿标准，改革补偿方式，提高补偿的针对性、实效性。五是建立政策协同保障机制。出台生态环境损害赔偿制度，试行生态产品提供者赋权、消费者付费制度，允许生态产品与用能权、碳排放权、排污权、用水权等发展权配额进行兑换，鼓励城区、平原区向生态涵养区购买发展权配额。六是创新生态补偿资金多元化筹集机制。完善和加强水、土地、矿产、森林、环境等各种资源消耗税费的征收使用管理办法，加大各项资源税费使用中用于生态补偿的比重。搭建市场化运作的资源开发运营平台，将生态涵养区分散零碎的生态资源、资产权益进行集中流转、整治提升、金融运作，形成集中连片的优质资产包，对接绿色产业项目开发运营，实现资源变资产、变资本，为保护和发展积累资金。

### （四）以增强内生动能为着力点，支持生态产业的全面发展

加强生态涵养区建设，全面发展是目标。一是有序推进农业现代化。要充分认识生态涵养区建设任务的长期性和艰巨性，科学把握差异性特征，

顺应发展规律，因地制宜、梯次推进。发挥典型引路作用，以点带面、示范引领，形成可复制可推广的经验做法。二是大力发展绿色产业。重点以特色林果业、绿色养殖业和休闲旅游业三大主导产业为基础，紧紧围绕自然、生态、乡土、历史文化等优势资源，适应农村村庄小、布局散、密度低的特点，积极支持受市民欢迎、农民受益的民宿、微电商、消费帮扶、田园综合体、有机农业等项目。三是以科技手段突破政策障碍。组织联系高校院所提供技术指导、支撑，动员生态环境、水务、农业农村等部门引导、协调，利用目前成熟的环保技术，全程推进生态保护区内的"零污染"村庄、产业园区建设，借势发展有机种植业、休闲度假、观光旅游、高端民宿等相关产业，以破解生态涵养区保护与发展的难题。四是形成生态涵养区的全面发展动能。由政府财政投入逐步过渡到形成多元化投入机制，从起步阶段的政府投入为主，到逐步培育产业和增强内生的造血功能，再到多元化补偿，最后达到以外部支持与产业支撑相辅相成，通过产业发展反哺生态保护，实现良性循环。

### （五）以全面增强活力为聚焦点，深化对生态制度的体制机制创新

加强生态涵养区建设，全面改革是突破。一是创新支持模式，探索采用"固定金额+每年比例增长"的弹性机制，根据生态涵养区年度财政收入能力与支出水平的变化趋势，建立每两年一提标的一般性转移支付稳定增长机制。完善补偿标准和管护人员工资动态调整机制，充分考虑经济发展阶段、居民收入水平和物价水平进行适时调整。二是在符合国土空间规划、产业发展规划和用途管制的前提下，进一步下放规划、土地、项目审批权限，精简审批管理手续，缩短项目立项、规划许可和建设施工许可时限，提高行政效能，加快发展农村集体经济。三是根据生态涵养区民宿、乡村旅游、森林康养、田园综合体、电商等新产业新业态发展需要，加快制定集体经营性建设用地的点状供地政策细则，明确政策落实路径，确保乡村产业用地的有效供给，加大对生态涵养区旅游产业发展涉及的道路、停车、服务驿站等配套基础设施点状供地的支

持力度。

# 五、结　语

新冠疫情使生态涵养区绿水青山的生态作用更显弥足珍贵,其低人口密度、低经济密度、低建筑密度和高绿化覆盖的人居优势更显突出。应抓住疫情后生态涵养区对于扩大内需市场的新机遇,更加坚定不移地贯彻"绿水青山就是金山银山"理念,抓好生态建设和绿色发展不放松,让生态涵养区在率先实现农业农村现代化历史进程中作用更加凸显,价值实现倍增。

**参考文献**

孔伟,任亮,刘璐,等,2020. 京津冀生态涵养区旅游地社会-经济-生态系统脆弱性特征及其影响因素[J]. 水土保持通报,40(4): 211-218.

李永伦,2019. 莒南县城东生态涵养区保护性开发利用规划研究[J]. 山西建筑,45(16):1-3.

任学良,2020. 推动生态富民　实现"绿富同兴"[J]. 北京观察(8):24-25.

孙芳,韩江雪,王馨玮,等,2018. 京津冀生态涵养区生态与产业协调发展影响因素分析[J]. 中国农业资源与区划,39(5):68-76.

杨春,2019. 生态涵养地区高质量发展的规划应对与创新:以北京市生态涵养区五区分区规划编制工作为例. 2019中国城市规划年会论文集[C]. 中国城市规划学会、重庆市人民政府:中国城市规划学会:14.

佚名,2018. 关于推动生态涵养区生态保护和绿色发展的实施意见[N]. 北京日报,2018-11-06(6).

张涛,2018.生态涵养区亟待加强保护[N].中国环境报,2018-12-18(5).

赵德起,陈娜,2019.中国城乡融合发展水平测度研究[J].经济问题探索(12):1-28.

# 第四篇

## 经验实践篇

第四篇

仪器关节

# 报告11 国外家庭农场发展现状及经验借鉴

## 一、美国家庭农场

美国作为世界上最发达的国家,地广人稀,自然资源丰富,农业历史悠久。美国农业非常发达,其农业人口仅占全国总人口的2%,却可生产出大量谷物供应国内外市场。美国农业的飞速发展离不开家庭农场的支持。美国农业部《1998年农业年鉴》指出,家庭农场应满足以下5个条件:一是生产一定数量用于出售的农产品;二是有足够的收入;三是农场主自行管理农场;四是由农场主及其家庭提供足够的劳动力;五是可在农忙时节使用季节工,雇用少量长期工。1862年的《宅地法》,肯定人们可拥有土地的权利,小土地私有制在美国正式确立,这也是美国发展家庭农场的历史政策基础。

美国家庭农场大致可分为6类:老弱型、兼业型、小农农场、中等规模农场、大型农场、特大型农场。其中,老弱型、兼业型与小农农场占家庭农场总数的83%,但其产值仅占农业总产值的9.8%。中等规模农场、大型与特大型农场虽然数量较少,但是产值巨大,其中,特大型农场产值占美国农业总产值的53.7%。特大型农场土地面积约为2 131公顷,是老弱型农场的十多倍。由此可见,美国家庭农场规模以大规模为主要特征。大型与特大型农场是美国家庭农场中的生产主体。

美国许多合伙农场与公司农场以家庭农场为依托,可以说,美国农业是在农户家庭经营基础上进行的。美国农业主要以家庭农场为主,美国家庭农场主要有以下特点。

一是美国家庭农场经营规模化与组织方式多样化。美国家庭农场逐渐由数量优势向经营规模优势过渡，20 世纪以来，美国家庭农场数量上升至 89%，拥有 81%的耕地面积、83%的谷物收获量、77%的农场销售额。美国家庭农场经营具有规划性，依据不同农产品特征采取不同种植方式，资源利用率显著上升。

二是美国地域辽阔，各个农业生产地区极具地域特色，地区差异也比较明显。为此，美国规划了 10 个农业生产区域，每个区域只生产一两种农产品。北部平原是小麦带，中部平原是玉米带，南部平原和西北部山区主要饲养牛、羊，大湖地区主要生产乳制品，太平洋沿岸地区盛产水果和蔬菜。因此，美国家庭农场种植结构丰富，实现了多元化农业生产。

三是美国家庭农场拥有完善的社会服务化体系并且富有浓郁的生产合作化特征。家庭农场主与不同的社会服务机构进行合作，将农产品生产、加工、运输与销售等交给社会化服务组织，减少市场波动对家庭农场造成的损失。实现了风险共担与利益共享的家庭农场经营模式。

四是美国家庭农场农产品生产高度机械化与科技化。2008 年，美国每千名农业劳动力拥有的拖拉机数量为 1 644.34 台，是中国的 476 倍，是世界平均水平的 75 倍。现代生物技术与信息化技术已被广泛应用于美国农业生产中。现代生物技术的运用提高了美国动植物产品品质与产量。同时，信息化技术渗透到美国农业生产的方方面面，更促进了美国"精准农业"的发展。信息化技术对于美国农业病虫害控制与农业灾害预警起到了明显的推动作用。另外，美国建立了以农业大学为核心的"教学+科研+技术推广"的科技体制，科技成果推广体系完善，实现了农业科技高转化率。

## 二、法国家庭农场

法国家庭农场的法律法规经历了从开始鼓励家庭农场扩大经营规模（1960 年的《农业指导法》），到现今要求适当限制家庭农场的经营规模

（2000年的《农业发展方向法案》）的重要变化。1960年，法国颁布了《农业指导法》，成立了"乡村设施和农业治理协会"和"土地整治与农村安置公司"，核心工作就是对土地进行整理，其主要做法就是通过财政资金的支持，购买零星、分散的地块，进行重新规划和整合，然后以一个低于市场的价格出售给就近较大的家庭农场主。同时，为避免土地进一步分散，防止代际传递中因遗产分配导致家庭农场规模越来越小，法国法律规定，家庭农场主的合法继承人只能有一人，其他继承人可获得一笔遗产金。

2000年，法国颁布《农业发展方向法案》，提出对家庭农场规模进行监管和控制，防止现有家庭农场过度集中和无节制扩大经营规模，也充分发挥了众多中小型家庭农场在吸纳剩余劳动力就业方面的关键作用。欧盟不但负责对有助于改进农产品加工及市场化的项目给予资金支持，而且为了提高家庭农场主的整体素质，还建立了专门的农业职业教育培训机构和信息服务机构。

组织机构健全并充分发挥作用是法国农业发展中的一大特点（图11-1）。从家庭农场的经营规模看，法国家庭农场的规模扩张较为缓慢。1825年，法国有650万个家庭农场。到1929年，家庭农场总数仍达到397万个，100多年来只减少了1/3。这一时期，法国家庭农场生产经营规模很小，农业生产技术落后，仍以劳动力投入为主，农业劳动生产率低下，农业现代化程度落后于其他发达国家。自20世纪50年代，法国采取了一系列经济和法律方面的政策措施，以减少规模过小或经营不善的家庭农场，进而促进土地集中经营，扩大家庭农场规模。通过政府的积极措施干预，法国家庭农场特别是小规模家庭农场数量迅速减少，而土地经营规模迅速扩大。1951年，法国共有226.6万个家庭农场，而1975年减少到了138.8万个，减少了近50%，土地管理面积在50公顷以上的大型农场从9.51万个增加到13.88万个，增加了近45.95%。法国家庭农场经营规模的不断扩大，为农业机械化的提高创造了条件。截至2010年底，法国家庭农场降低到了49万个。

从家庭农场的土地来源看，近年来，租赁土地面积由1 375.6万公顷增加到1 478.5万公顷，占比由46.5%增加到52.7%。土地租赁经营可以减少

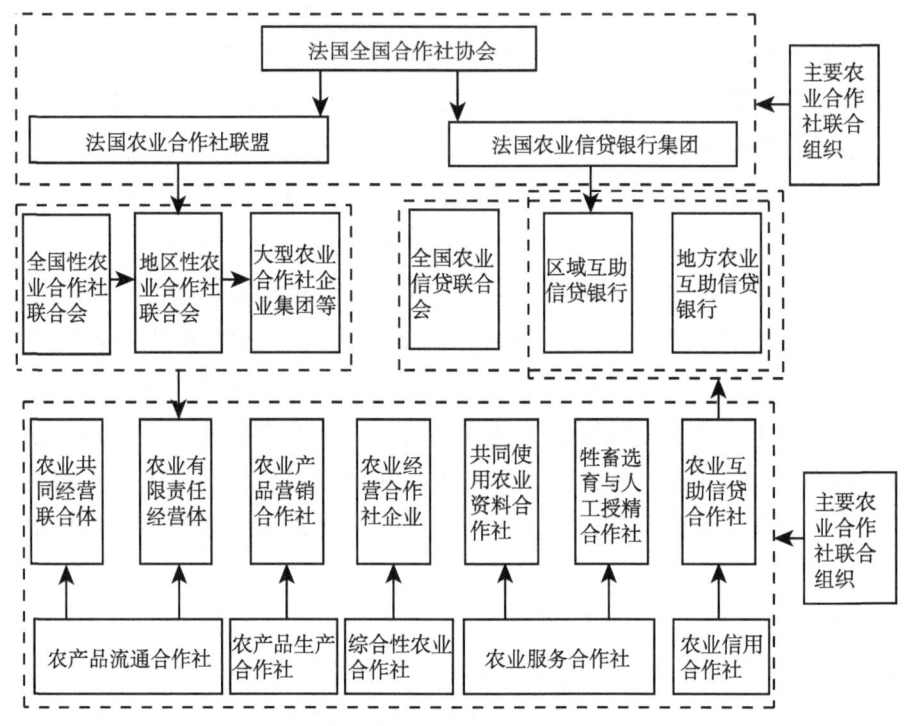

图 11-1 法国农业合作社组织管理体系

购地的资金投入，避免购地的巨大经济负担和风险，为家庭农场主特别是缺少资金的青年家庭农场主扩大生产经营规模提供了便利和更大可能性。

从家庭农场的联合发展看，法国家庭农场的所有成员必须全部参与到实际的农业生产当中，他们共同使用机械、土地等生产资料，通过适当合理的分工，合作完成农业生产的不同环节。

农业共同经营集团保留了家庭农场运转模式的基本特点，保障了劳动者真正享有劳动成果。家庭农场作为农业联合经营集团的一员，他们保留着自己农场土地的所有权，具有独立的法律地位。农业共同经营集团是有限责任公司，但不设董事长、经理，成员之间相互平等，通过相互讨论做出决策，并风险共担。

## 三、芬兰家庭农场

芬兰农场通过租赁扩大规模。在 1995—2010 年,约有 2/3 的农场通过租借或租赁的方式扩大经营规模。2010 年,芬兰家庭农场总耕地面积为 227.8 万公顷,其中约 79.7 万公顷(35%)的耕地属于租赁耕地。在 2001—2010 年,虽然租赁耕地的总面积增加了 12%,但是不同地区的差别很大:拉普兰和埃尔兰省租用耕地的比例超过 45%;芬兰南部和中部出租耕地的比例不到 33%。

小型农场倾向于减少,而大型农场则逐渐增加。2005 年以来,芬兰面积小于 20 公顷的小型家庭农场所占比例从 56% 下降到 42%;而面积大于 50 公顷的大型家庭农场所占比例从 7% 上升到 23%;耕地面积超过 100 公顷的超大型家庭农场占芬兰家庭农场总数的比例上升到 6%。同时随着农业生产成本的不断提高,为了提高生产效率,农场之间在农机使用方面的合作将进一步加强。

芬兰家庭农场呈现多元化经营趋势,中央政府大力支持个体农场从事多元化经营活动。多元化经营的农场可向当地就业与经济发展中心申请财政资助。目前,芬兰 1/3 的农场,特别是大型农场,除种植粮食作物和饲养牲畜外,还从事林业、木材加工、农机租赁、运输、建筑、食品加工、手工艺品、家庭作坊和乡村旅游等。多元化经营不仅使家庭农场的生产方式多样化,而且使一些家庭农场的规模扩大和进一步专业化,同时多元化收入在农场收入中的比重也在不断提高。

芬兰全国农业生产者协会是最高级别的管理机构。它可以代表农民就农业产量、价格、农民收入等问题与政府有关部门谈判签订协议,并通过其下属专业协会负责实施。全国农村咨询中心协会是第二层级,已有近 200 年历史,是一个遍布全国的技术咨询网络。最基层是农民,村级都有村民俱乐部,县级和省级有协商中心。各类农业合作组织是处于前两个层级之下的第三层级。

芬兰的管理体系特点是农场主围绕同一产业链联合组成横向或纵向的生产合作组织，对接市场，获得更大的话语权。例如，芬兰乳业合作社的市场份额在本国占90%以上，屠宰场合作协会掌握着芬兰肉类销售的3/4，鸡蛋生产者协会掌握着芬兰鸡蛋销售的60%。农业生产者协会的基本任务是为家庭农场创造良好的农业生产经营条件。他们的主要工作是代表家庭农场与政府对话，比如与政府就农产品的指导价格进行谈判。同时，农业生产者协会也对家庭农场进行一些政策和经营策略上的指导，有时也会亲临现场指导销售，全方位为家庭农场排忧解难。

芬兰具有自上而下的较为健全的农民组织和农业合作组织。全国农村咨询中心协会各级组织的负责人均由农民选举产生，并提供有偿性咨询服务，经费来源一是靠国家资助，二是靠咨询费。信贷合作社主要任务是帮助家庭农场办理银行贷款业务。芬兰政府规定，家庭农场必须保持政府规定的化肥基本水平，才能获得政府对农业的各种补贴支持。

## 四、丹麦家庭农场

丹麦的管理体系具有自愿化、标准化和一体化的特点。丹麦合作社不仅将分散的农业生产经营活动纳入整个产业组织体系，使得整体的规模效应得到充分发挥，而且利用协会、联合会等农民互助组织，将产业链各环节有机衔接，实现各经济主体在产业链上利益共享、风险共担。

在丹麦，最高管理机构为"丹麦农业理事会"，丹麦农民协会或丹麦合作社联合会是第二层级，家庭农场作为直接的农业生产者，是合作社和联合会的基本组成单位（图11-2）。丹麦合作社联合会在丹麦经济委员会等8个国内机构，以及在欧盟农业合作社中心等6个国际相关组织中均有代表，参与相关政策、法律的制定工作，维护丹麦合作社及会员的合法权益。丹麦农业咨询服务组织分为国家和地方两级服务机构，国家级有1个，地方级有95个，共有大约3 500名具有本科以上学历的专职农业技术顾问。

在政策层面上，合作社通过第二层级的丹麦农民协会或丹麦合作社联

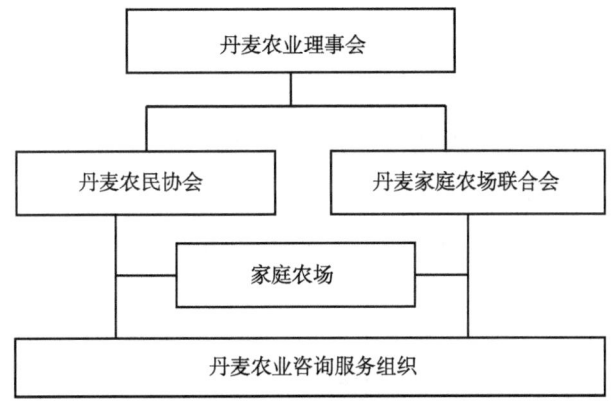

图 11-2　农业合作社组织管理体系

合会，向丹麦议会和其他政府部门提出政策建议或意见，参与议会制定农业政策和丹麦有关欧盟农业政策的工作。丹麦农业咨询服务组织由农民组织建立，由被服务者管理，咨询服务可以依照丹麦政府颁布的补贴法得到国家财政经费的补贴，丹麦农民获得的信息80%以上来自农业咨询中心，每18个农民中就有1名专职农科专家为其服务。

丹麦关于家庭农场的法律规定，有着自身鲜明的特色，主要体现在家庭农场的土地所有权、家庭农场的赠予和遗赠、家庭农场主的任职资格等方面。在家庭农场的土地所有权方面，丹麦的法律规定，家庭农场的土地归农场主所有，家庭农场主在《土地法》框架下自主决定如何经营生产，这有利于激发家庭农场生产的主动性、积极性。在家庭农场的赠予和遗赠方面，与大多数国家不同的是，丹麦法律明文规定：家庭农场主不得向自己的子女无偿赠予或遗赠家庭农场。丹麦的农业科技研究、推广和教育有一套完备的农业科技服务体系。顾问中心在全国各地有100个分支机构，顾问总人数达2 500人。

**参考文献**

鲁德，肖文发，白彦锋，等，2012. 芬兰林业合作组织发展现状及启示[J]. 世界林业研究, 25（1）: 69-71.

漆志平, 2002. 中国共产党农业合作经济思想变迁研究[D]. 天津: 天津师范大学.

汪汇源, 2020. 家庭农场发展经验的国际借鉴及中国家庭农场发展对策[J]. 世界热带农业信息（1）: 20-25.

吴思佳, 2016. 现代农业经营目标下家庭农场经营模式及规模研究[D]. 石家庄: 河北科技大学.

张艳平, 崔永伟, 赵彩云, 2013. 芬兰现代农业发展的经验与启示[J]. 世界农业（7）: 105-109.

# 报告12　关于推动农业对外投资合作的政策建议

农业"走出去"是中国实施开放型战略的标志,是从深层次上实现国内外农业资源有效配置,弥补国内资源紧缺和缓解资源、环境与可持续发展矛盾的重要手段。当前,作为我国农业"走出去"的主要形式和内容,农业对外投资合作具备一定基础和经验,在促进中国农业国际合作,缓解农业资源短缺,提高农业国际竞争力等方面发挥了积极作用。

## 一、农业对外投资合作特点

### (一)行业分布:主要集中在畜牧业

据不完全统计,北京市境内企业主体在境外设立23家农业企业,其中,畜牧业涉及8家,种植业涉及12家。从投资流量看,畜牧业企业设立的境外农业企业在资产总额、累计对外投资额这两个方面均表现出绝对的优势,占比分别超过60%和80%,远高于其他3个行业。而渔业企业设立的境外农业企业资产总额占比相对较小,累计对外投资额在4个产业中较低。

### (二)区域分布:主要集中在欧洲

从农业投资的驱动因素看,主要包括三类。一是以资源利用和风险规避为导向,在周边邻近国家投资,如东南亚、中亚地区;二是以资源利用和市场潜力挖掘为导向,在南美洲、非洲等资源丰富、需求较高的国家投资;三是以市场潜力挖掘和科技交流为导向,在欧美等发达国家投资。从资产总额看,目前,北京市农业企业在欧洲设立的各企业资产总额占比达到接近50%,远远超过其他各洲。从企业累计对外投资额分析,在欧洲设立各个企业累计对外投资额占比超过80%,远高于其他各洲。

### (三)主体结构:以农业产业化龙头企业为主

近年来,北京首农集团、三元集团、大北农集团等实力雄厚的农业产业化龙头企业发挥自身优势,在带领国内企业开展对外投资的过程中发挥了积极作用,逐步成为农业对外投资的重要力量。目前,北京市农业产业化龙头企业投资的境外企业中,对外投资的行业是渔业批发、零售业、畜牧业、服务业和乳制品等农副产品加工业。境外企业累计境外资产总额占全部境外资产总额的97%以上,累计对外投资额占全部境外企业累计对外投资额的90%以上,农业产业化龙头企业在对外农业投资中对外投资额度和收益所占比重均较大。

## 二、北京市农业对外投资合作面临的问题

### (一)投资环境复杂多变

企业对外投资涉及国别多,类型多样,部分国家存在政治不稳、地区安全隐患较多、经济发展层次较低的问题,直接影响企业对外农业投资的质量和效率。农业对外投资合作项目一般建设和生产周期长,受自然条件技术适应性、农产品价格波动等因素影响大,自我发展能力弱,项目执行风险相对比较大,同时还受投资国政治局势变动、经济政策变化、汇率波动等特殊风险的影响,海外经营业绩非常容易遭受这些风险的冲击,大大

降低了农业对外投资的吸引力。

### (二) 企业的竞争力较弱

北京市企业对外农业投资规模不大,合作领域主要集中在种植业、养殖业等附加值不高的产业链低端环节,企业的整体实力和核心竞争力有待增强。参与对外投资的企业大多为中大型企业,小型企业参与较少;对外投资大多是针对基础农产品的投资,生产产品多为初级农产品,缺少产品的深加工,没有形成完整的生产链条;生产出来的产品竞争力弱、附加值低。北京市对外农业投资的企业中,近一半的企业选择绿地投资(绿地投资又称创建投资或新建投资,需要跨国公司等投资主体大量的筹建工作,建设周期长,对跨国公司的资金实力、经营经验等有较高要求,跨国企业完全承担其风险,不确定性较大),少数企业选择跨国并购,其余企业则选择合作投资或者建立海外研发机构的方式。跨国并购面临裁员、技术和资产损失等风险较绿地投资更大,这也从一个侧面反映出北京市大部分对外农业投资企业在国际竞争中的优势不明显。

### (三) 人才资源短缺

大多数企业急需引进具有国际经营管理经验、农业全产业链经营理念、对投资国的农业产业政策、农产品市场潜力、农村风土人情等情况深入了解的复合型人才。

### (四) 境外融资困难

大多数企业在对外农业投资中普遍面临着资金困境,造成了农业对外投资发展速度快,但总体投资规模较小。从调查数据看,对外农业投资的海外企业资金实力较弱,境外融资难成了制约企业发展的一大难题。此外,目前国内信贷门槛较高,而农业对外投资的周期较长、市场开发成本也较高，一旦融资渠道不畅，就容易导致企业对外农业投资陷入发展困境。企业对外农业投资离不开政府金融政策的扶持，需要企业投资与政府扶持高度结合。如随着土地租金增长过快，俄罗斯远东绿洲农业开发有限公司资金压力逐渐增大，而在俄罗斯贷款难度越来越大，资金短缺问题直接影响企业的稳定发展。

## 三、推进北京市农业对外投资合作的相关建议

### （一）培育企业发展动能

着力强化北京国际交往中心功能建设，拓展共建"一带一路"对外交往新空间，支持和引导企业积极参与"一带一路"建设，开展高质量跨国经营，培育国际经济合作和竞争新优势。重点围绕生物育种、生物农业、营养健康、农业智能装备等现代农业高端领域，推动农机、技术、标准、服务全面"走出去"。推进企业投资项目与国家援外基础设施项目、技术合作项目等协同发展，形成国内大循环为主体、国内国际双循环相互促进的新发展格局。强化企业投资合作的技术创新与技术成果转移转化，深化与东盟、中亚、南亚、阿拉伯等国家的技术转移中心合作，促进新品种、新设备、新技术的产学研协同创新，推动成果产业化应用。积极推进种业创新国际合作，鼓励种业企业"走出去"，开展关键技术联合攻关，从更深层次、更广领域实现合作共赢，共享科研成果。引导头部龙头企业发挥人才优势、技术优势和创新优势，引领行业发展方向，解决关键共性问题，培育全产业链优势。

### （二）鼓励企业跨国经营方式创新

支持企业发挥自身技术、行业优势，以专利技术、高端服务等无形资产入股的方式开展跨国合作和绿地投资，降低外汇储备压力和投资风险，

体现国内技术溢价。引导涉农企业通过股权转让、增资扩股、合资新设、基金投资等方式引入各类投资者,优化企业资本结构。引导企业与海外跨国农业企业、国际组织合作,共同开发第三方市场。鼓励有实力的企业牵头建设境外农业合作园区,对境外农业合作示范区、农业产业型经贸合作区给予政策支持。充分发挥北京自由贸易试验区示范引领作用,对标高标准国际经贸规则,形成更多可复制、可推广的农业双向开放创新成果。

### (三) 培育企业跨国经营人才队伍

发挥首都高端智库集聚优势,实施农业国际人才培养行动,联合国际知名院校、在京高校、科研机构,开展跨国经营人才专业知识和实践技能培训,加强本土人才国际化能力建设;发挥猎头机构引才融智作用,建设专业化和国际化人力资源市场;借助"海聚工程"、海外院士专家北京工作站等国际人才引进渠道,探索农业企业引入高端国际人才;发挥北京市科协、首都创新大联盟、中关村"一带一路"产业促进会等桥梁作用,促进国内外农业创新资源对接,营造良好的农业国际合作人才交流环境。

### (四) 构建企业跨国经营风险应对机制

积极培育境外投资专业服务机构和孵化基地,发挥法律、会计、资产评估、风险评估等相关中介组织的专业优势,为北京的农业企业开展国际经济合作提供专业咨询和服务,加强国别、地区和产业投资风险评估和指导,帮助企业做好投资前期税收风险识别、预警,提高跨境资金使用效率,规避汇率风险;发挥行业协会作用,整合行业优势资源,推动企业差异化联合,鼓励涉农及非农企业之间形成合力,抱团"走出去",增强竞争力与抗风险能力;完善农业海外重大投资项目部门联席会议机制,加强统筹协调,促进项目顺利开展。

## 参考文献

胡月，田志宏，2019. 中国农业对外直接投资的影响因素与地区差异：基于2012—2016年的省级面板数据［J］. 湖南农业大学学报（社会科学版），20（5）：1-7.

姜小鱼，陈秩分，2018. 中国农业对外投资的研究进展与展望［J］. 世界农业（4）：4-9.

姜晔，茹蕾，杨光，等，2019. "一带一路"倡议下中国与东盟农业投资合作特点与展望［J］. 世界农业（6）：12-16.

金三林，2018. 我国农业对外投资的战略布局与重点［J］. 经济纵横（7）：68-75.

梁丹辉，张学彪，2021. 我国农业对外投资研究现状及展望［J］. 中国农业资源与区划，42（12）：237-243.

刘钧霆，2014. 中国农业向东盟国家"走出去"战略研究［J］. 经济问题探索（5）：86-89，121.

汪晶晶，马惠兰，唐洪松，等，2017. 中国农业对外直接投资区位选择的影响因素研究［J］. 商业经济与管理（8）：88-97.

王超平，2017. 中国农业对外合作现状、问题与对策分析［J］. 南方农业，11（8）：62，66.

杨光，柏娜，陈瑞剑，2019. 我国农业对外投资合作的特点及形势分析［J］. 农业经济（11）：131-132.

杨挺，陈兆源，韩向童，2020. 2019年中国对外直接投资特征、趋势与展望［J］. 国际经济合作（1）：13-29.

赵立军，2016. 农业国际投资规则演进及中国的应对策略研究［D］. 北京：中国农业科学院.

# 报告13　京津冀协同发展背景下北京"菜篮子"外埠基地建设模式探究

"菜篮子"工程直接关系到千家万户,是全社会普遍关注的民生热点、难点问题。北京农业资源有限、总量不足,决定了"菜篮子"有效供给一方面要利用本地现代化农业优势,增强"菜篮子"重要产品的自给能力,另一方面要坚持"走出去"原则,加强与其他地区的协调合作,确保首都"菜篮子"的稳定供给。京津冀协同发展战略下,津冀成为承接北京"菜篮子"产品生产的首选。自2010年起,北京市按照"保供应,稳市场,努力提高市场控制率"的原则,出台系列文件,以项目带资金方式支持本市产业化龙头企业在津冀地区建设"菜篮子"产品生产基地,不断加强关系紧密的安全绿色"菜篮子"外埠生产基地建设,巩固长期而稳定的外埠菜篮子产品供应,全面提升首都"菜篮子"工程建设水平。

北京在推进"菜篮子"外埠基地建设过程中,要面对两个需要解决的问题。第一,利益的企业与外埠基地分享机制。根据产业链条"微笑曲线",产业链两端,比如研发和营销的附加值要高于生产阶段。北京地区企业需要与外埠基地之间建立利益分享机制,以确保"菜篮子"外埠基地建设可持续。第二,利益的区域分享机制。北京利用外埠地区土地、水、自然环境等资源生产农产品,所获得收益如何在区域之间进行分享是一个难题。只有建立相对公平的利益分配机制,才能确保将"菜篮子"生产端向外转移的模式可持续,区域间农业才能实现协调发展。本研究选取了具有代表性的"菜篮子"外埠基地进行调研,分析了订单、自建基地、联营3种具体做法,研究了利益分享机制构建方式及其对于区域农业协同发展的推动作用,并对推进农业协同发展过程中存在的主要问题进行了剖析,进而提出了完善外埠基地建设模式、推进京津冀农业协同发展的政策建议。

# 一、北京"菜篮子"外埠基地建设模式对比分析

根据北京企业的控股情况,"菜篮子"外埠基地建设模式可以分为订单农业模式、生产联营模式与自建基地模式。订单模式中,北京企业与外埠基地间仅是供货关系,合同长达 5 年以上;联营模式中,北京企业与外埠基地属于合作联营关系,北京企业必须控股且联营合同超过 5 年以上;自建模式中,基地是由北京企业在外埠投资自建,租地合同需超过 5 年以上。3 种模式均是北京企业与外埠鉴于自身的资源、资金、资本情况做出的适宜选择。

## (一)订单农业模式

订单农业模式是由北京涉农龙头企业牵头、外埠农户积极参与而形成的经济联合体,农户按照合同要求进行有计划的生产,北京涉农企业根据合同收购农户的农产品,并为农户提供各种所需的现代化服务,如技术、设施、生产资料等。

订单模式的优势在于,发挥了北京企业总部基地、研发、科技供给和产后销售带动的优势,以及津冀地区农户的生产优势,促进了产业互动。例如,北京新发地农产品批发市场通过与农户签订蔬菜产品供应协议,为农户提供种子(种苗)、化肥、农药、销售和技术等一条龙服务,为生产无公害、优质蔬菜打下了基础,同时,推进了当地蔬菜标准化种植,促进了优势农产品产业带的形成。对于北京而言,通过组织订单生产,以"产销挂钩、以销定产"为核心做好农产品调控,北京"菜篮子"农产品市场需要什么就组织生产什么,最大限度地减少无效供给,形成更加适销对路的"产业菜单"。北京美农东方(农业)科技发展有限公司与津冀地区各

基地合作社紧密合作,采取以销定产的模式,根据不同客户、不同渠道的需求分配蔬菜品种和数量。对于津冀地区农户而言,生产的盲目性大大减少,规避了农户"小生产"和"大市场"之间的矛盾,解决了农产品销路问题,提高了农户收入。北京方圆平安食品开发有限公司按保护价与农户签订合同,如果保护价低于市场价,则以后者为标准收购;如果保护价高于市场价,则以前者为标准收购,保障了农民利益不受损失,让农户能够放心生产。

订单模式的弊端在于,该模式是企业与外埠农户之间,根据市场机制建立农产品买卖关系,北京企业按订购价格收购农产品,外埠农户负责生产过程投入并获得固定价格收益。对于津冀地区农户而言,在市场地位上与企业之间谈判地位不对等,处于劣势且被动接受企业的市场定价。而且,企业未与生产农户之间建立利益分享的增长机制,农户只得到固定收益,营销增值收益未参与分享。对于北京企业而言,虽然不用考虑生产成本,但企业需要自己联系订单,公关成本增加;部分农户缺乏诚信,存在违约可能性,导致企业面临订单无法实现的风险。从区域产业协同角度看,北京与津冀政府之间尚未建立利益分享机制,津冀基地农产品被动接受北京市场定价(图13-1)。

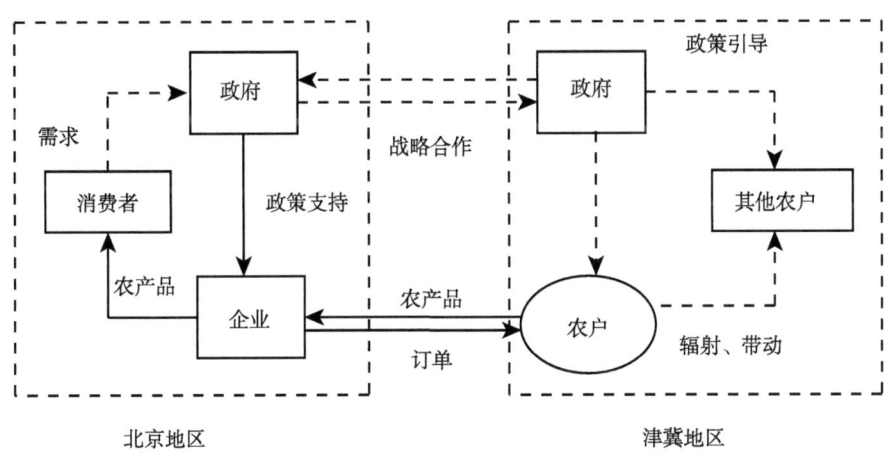

图13-1 北京"菜篮子"外埠基地订单农业模式

## (二) 生产联营模式

生产联营模式是指北京涉农企业与外埠生产基地采取合作联营的模式，形成紧密、稳定的产销合作关系，联营各方地位平等，主要以合同或章程的方式确定双方的权利和义务，并以此协调生产经营活动。基地严格实施标准化、规范化管理，解决农产品源头质量安全问题。

生产联营模式的优势在于，通过建立稳定的供销渠道，以公平贸易模式，把基地和销售渠道捆绑成一体，实现"1+1＞2"的协同效应。对北京企业而言，通过生产联营模式，津冀企业主要以土地、人力作为资本入股，拓展了北京涉农企业发展空间，从一定程度上缓解了企业在发展过程中面临的土地等自然资源以及资金和劳动力的压力。对津冀地区而言，双方以土地、资金、劳动力等生产要素形式入股组建新的联合体，形成产销合作关系，建立收益增长机制，双方可以根据持股比例享受利润分成，增加了津冀企业收益；依托北京涉农企业在种植、养殖、加工等环节的先进技术及行业与品牌优势，促进专业化、标准化基地建设，提升产业综合效益，促进当地农业产业升级。北京美农东方科技发展公司对所有基地采取统一种植计划、统一技术指导、统一质量标准、统一生产资料供应、统一购销，探索出一套产地集采、销地直配的流通模式，建立"生产基地平台+流通销售平台"，结合超市资源，建立稳定的供销渠道，切实达到既保障供应，又促进联合体发展的要求。北京方圆平安食品开发有限公司依托在蔬菜育苗、种植、加工等环节的优势条件，建立产销联合体，推进产销深度对接，带动当地蔬菜专业化、标准化生产，每年为首都市场供应安全、达标蔬菜达3.5万吨。

生产联营模式的弊端在于，对北京企业而言，合作联营管理相对困难，运营管理要求高，增加了质量监管成本和风险成本（图13-2）。

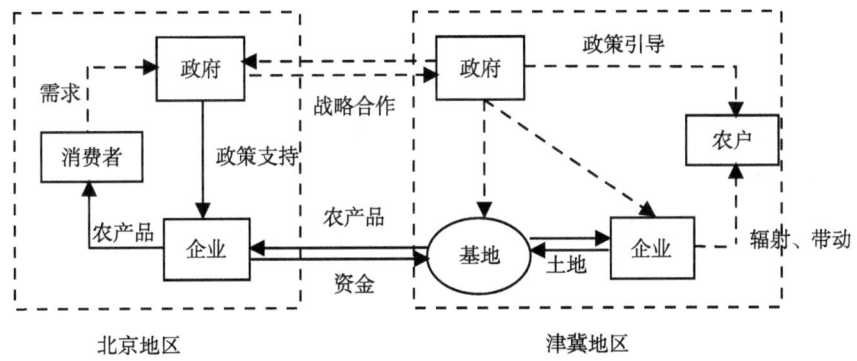

图 13-2　北京"菜篮子"外埠基地生产联营模式

## （三）自建基地模式

自建基地模式是指北京涉农企业在外埠投资自建生产基地，实行统一品种、标准、技术、用药以及检测等，形成生产、加工、销售一条龙体系，提高生产效益，确保产品质量。在各类生产基地中，畜牧基地基本以自建为主。

自建模式的优势在于，对北京而言，涉农企业在津冀地区租赁土地自建基地，可以从企业内部进行长远规划和安排生产，强化企业对于基地建设与发展的主动权，实施标准化种植养殖，实现资源优化配置和企业的高效运转，确保农产品及时安全有效供给。对津冀地区而言，园区化生产使得土地得到高效利用，充分发挥了北京涉农企业的科技支撑优势，"科技兴农"的首都农业发展模式对当地农业生产发挥了科技、标准和管理上的示范、带动作用，同时，增加了劳动力的工资性收入。例如，万丰大地（北京）蔬菜有限公司通过自建基地，技术、品种、标准、检测以及销售均做到统一化，实现了对产品产量和质量的有效把控，且辐射带动到了周边农户，通过"品种+农药+培训"帮助当地农户提高产品质量，开拓销路，增加收入。首农食品集团河北滦平华都食品有限公司是集种鸡饲养、肉鸡孵化、饲料加工、肉鸡屠宰加工、商品肉鸡放养、调味料生产、熟食制品加工、食品安全检测、冷链物流配送及国内外销售于一体的肉鸡产业自建基地，带动当地农户及合作组织建成年出栏3 000万只肉鸡的标准化商品肉鸡养殖小区、现代化养殖场，建立了"从农场到餐桌"的食品产业链经营体系。

自建模式的弊端在于，对北京而言，该模式是由北京涉农企业租赁外埠土地进行农产品生产，自负盈亏，在市场行情不太稳定的情况下，自建基地很可能对企业的盈利产生比较大的影响；自建基地经营活动产生的现金流量比较大，还增加了公关成本，随着企业的运转、规模的扩大，企业的负担会比较重。对于津冀而言，依托本地农业生产资源为北京生产农产品，虽然增加了当地的土地租赁费用与劳动力的工资性收入，但由于双方没有充分开展产业互动，没有建立利益联结关系，总体上与本地经济发展没有太大联系（图13-3）。

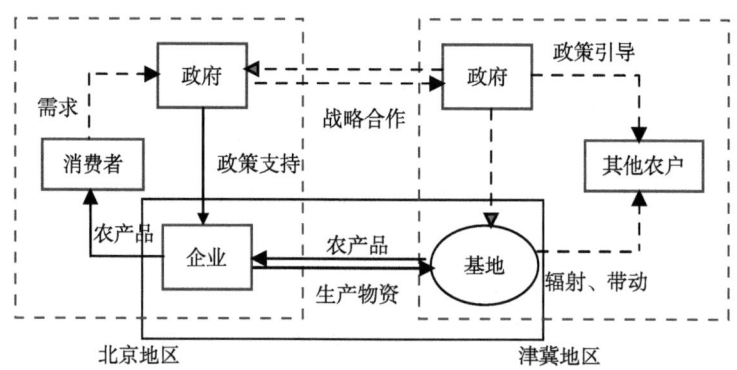

图 13-3　北京"菜篮子"外埠基地自建基地模式

订单农业模式、生产联营模式、自建基地模式3种模式在保障北京"菜篮子"市场供给稳定，推动京津冀农业协同发展方面成绩显著，但也各有利弊，如表13-1所示。

表 13-1　京津冀产业协同下"菜篮子"外埠基地建设模式对比分析

| 基地建设模式 | 优势 | 弊端 |
| --- | --- | --- |
| 订单农业模式 | 优势互补、产业互动；以产订销，销售带动，减少生产盲目性 | 北京企业与外埠农户谈判地位不对等，双方未建立利益共享机制、补偿机制；部分农户缺乏诚信，存在违约可能性 |

(续表)

| 基地建设模式 | 优势 | 弊端 |
|---|---|---|
| 生产联营模式 | 产销合作，双方建立收益增长机制，享受利润分成；拓展北京企业发展空间；外埠产业获得标准化、专业化带动，产业高度和附加值提高 | 增加北京企业运营管理难度以及质量监管成本、风险成本 |
| 自建基地模式 | 北京企业面临的土地和用工压力得以缓解，掌握基地建设与发展的主动权；外埠土地得到高效利用，农业生产受到科技、标准和管理上的示范、带动，增加劳动力工资性收入 | 双方未建立利益联结关系，北京企业自负盈亏；外埠仅获得土地租赁费用、劳动力工资；产业互动不充分 |

# 二、北京农产品外埠基地建设取得的成效

## （一）打通京津冀产销对接通道，提升重点产品控制率

在"菜篮子"外埠基地建设政策的引导下，北京市区域合作的范围不断延伸，地域显著扩张，北京农业企业在进行外埠生产基地拓展初始，通常会先在环京地区试行开展，积累足够的实践经验后再向更广泛的地区布局，从而稳定了北京"菜篮子"产品供应。充分利用各地不同的地理资源，合理布局生产，使生产品种更丰富，淡季供应能力大幅提高。随着京津冀协同发展以及津冀两地设施农业的建设，两地农产品在新发地市场销售占比越来越大。据统计，在新发地 2018 年蔬菜总供应量中，天津和河北蔬菜供应占比分别为 1.6%、20.6%，河北水果供应量所占比例为 12%，河北蔬菜、水果供应量均居于首位，已成为北京最重要的农产品来源地。

## （二）促进三地产业要素优化配置、产业升级

津冀地区"菜篮子"基地建设加快了京津冀现代农业协同发展的步

伐。企业根据自身情况会选择不同经营模式，且以直接投资居多，尤其是畜牧养殖业，便于全面掌控生产，保持产业技术优势，确保产品质量。在津冀较为丰富的自然资源和劳动力资源的基础上，北京农业企业凭借自身科技管理优势，充分发挥推动外埠基地建设的作用，大力发展"科技兴农"的首都农业发展模式，不断探索实践新产品、新品种、新技术和生产技术规范，并对当地农业工作者在新技术应用、病虫害防治、畜牧防疫等方面进行全程指导和专业技能培训，促进了"菜篮子"基地所在区域农业产业升级、农民增收和农村的繁荣稳定。

### （三）拓展企业产业发展空间，提升企业产业链经营能力

北京市大批农业企业在本地发展面临着土地、水资源、发展空间等因素的制约，在"菜篮子"外埠基地建设项目的引领和带动下，加强了与津冀两地的合作力度，加快了企业"走出去"的步伐，拓展了发展空间，增强了企业发展后劲。环京地区由于具有一定的地理优势，从田间到餐桌的时间大大缩短，仓储和物流成本更低；环京地区的劳动力资源和土地资源丰富，成本更低，有利于扩大生产规模，提高生产组织化程度，推行统一标准化生产，提升农产品质量，提高农产品市场占有率，使企业整体竞争力大幅跃升，培育出一批具有竞争力的农产品品牌。

## 三、北京农产品外埠基地建设存在的问题

### （一）错位发展、优势互补的格局有待进一步拓展

对于现代农业区域整体协作，京津冀三地中的部分区域仅停留在了意识层面，错位发展、优势互补的格局尚未形成。在北京"菜篮子"外埠基地建设中，尽管各利益相关方都充分利用自身优势，谋求外部力量为自身获得更大利益，但是，作为首都，北京没有将自身在科研能力、人才、金

融、信息等方面的优势充分发挥出来，深入推进当地农业产业转型升级；津冀地区也并未充分发挥自身在土地资源、水资源、港口和低成本劳动力等方面的优势，以共赢谋发展。

### (二) 区域利益契合点有待进一步探索

京津冀的行政区划不同，因此在制定相关政策以及实施的过程中通常是站在自身的角度，而没有将三地的共同利益联系起来，从总体上进行规划。在北京"菜篮子"外埠基地建设中，北京在自身科技、资金等优势的基础上，借助于津冀地区的优势自然资源和劳动力资源等，确保首都"菜篮子"市场的稳定，但并未建立区域间有效的利益分享机制以及生态补偿机制，导致津冀部分区域政府对于基地建设缺乏应有的积极性和促进行为。

### (三) 区域行政壁垒有待进一步打破

京津冀的协同发展，关系到多层行政区，一方面要对各区域、各部门的发展关系进行协调，另一方面也要致力于优化各发展环节中的组织保障、利益分配、价格调节、市场建设等内部职能，还要解决政策环境、协作机制等外部职能，导致在北京"菜篮子"外埠基地建设中，虽有所属地区相关政策引导，但区域政府间的沟通不足，间接导致政府参与度不高，从而引发双方利益难以有效均衡。

## 四、完善北京农产品外埠基地建设的政策建议

### (一) 构建现代农业跨区域产业链条，促进三地产业协同互动

京津冀各地应根据各自的比较优势，加快推进紧密、绿色的北京"菜篮子"外埠基地建设，构建农业产业链，实现区域产业协调、稳定发展。

首先,建立"基地生产—物流运输—上市销售"跨区域产业链条。促进规范化、现代化的首都农业模式,规模化的河北基地型农业模式和精品化、设施化的天津农业模式,通过相互的利益关系实现产业化的对接,让北京农业企业具有的技术、资金、管理等优势能够和津冀地区具有的劳动力、土地等资源优势进一步结合,在产业链的带动下,促进津冀地区的农业产业转化升级。其次,加快北京涉农企业的技术转移,带动津冀农业的标准化、专业化生产,延长和稳固当地农业产业链条。再次,加强标准化、组织化、产业化、生态化建设的多点对接,增强京津冀地区现代农业的协作效益。最后,建立健全京津冀都市圈植物病虫害以及动物疫病防控体系,共同把控农产品质量安全,降低安全风险。

### (二)强化现代农业区域整体发展理念,构建三地利益协调与共享机制

京津冀应始终坚持合作、共赢的发展理念,制定一致的发展目标,完善现代农业区域一体化发展机制,结合区域各自的优势,突破区划限制,制定科学的、灵活的发展政策。以北京"菜篮子"外埠基地建设为契机,整合区域产业布局,打破行政限制,促进京津冀农业的共同发展。对于津冀地区而言,各市(区)、县要协调利益、错位发展,致力于改进产品质量,服务于北京"菜篮子"外埠基地建设,成为北京优质高效的"外省菜园子"。不能忽视商本位基础上的平等交易,要对跨区域协作过程中的分配权和管理权进行统筹规划,与其他地区共同制定财税政策、农产品价格政策以及生态补偿政策等,保障各区域的切实利益。

### (三)建立政府间的沟通协调机制,推进紧密、绿色"菜篮子"外埠基地建设

促进紧密、绿色北京"菜篮子"外埠基地建设,最主要的是要克服行政权力的分隔,建立健全区域协调机制。完善京津冀各地区、各级政府之间的交流沟通机制,是打破京津冀地区行政壁垒,促进协调沟通,加强绿色北京"菜篮子"外埠基地建设,实现协同发展的重中之重。京津冀地区

的农业农村局、自然资源和规划局、发展改革委等部门可考虑联合建立农业协作发展规划协调部门，定期或不定期组织沟通协调会议，促进基地建设等跨行政区的农业项目、重点事宜的协调与衔接，不断优化区域现代农业的空间结构，保障农业重点项目和计划的顺利实施。

## 参考文献

樊慧玲，2014. 基于"微笑曲线"分析农业产业价值链优化的路径选择［J］. 江苏农业科学，42（1）：397-399.

冯忠江，艾巧玥，2018. 京津冀地区生态农业协同发展路径研究［J］. 生态经济，34（6）：134-138.

郭馨梅，张淑梅，杨慧鹏，2017. 京津冀农业协同发展困境与突破［J］. 商业经济研究（13）：126-128.

韩建雨，2013. 我国区域经济协调发展的利益分享机制构建研究［J］. 管理现代化（1）：58-60.

何刚，周燕妃，朱艳娜，2020. 京津冀产业转型升级测度及其经济效应研究［J］. 统计与决策，36（1）：86-90.

江冰，2006. 区域协调发展要靠新型利益协调机制［J］. 中国改革（2）：64-66.

孔祥智，程泽南，2017. 京津冀农业差异性特征及协同发展路径研究［J］. 河北学刊，37（1）：115-121.

李珂，2017. 我国区域经济协同发展的利益分享与补偿机制研究［J］. 改革与战略，33（3）：61-64.

李智礼，匡文慧，赵丹丹，2020. 京津冀城市群人口城镇化与土地利用耦合机理［J］. 经济地理，40（8）：67-75.

林民书，刘名远，2012. 区域经济合作中的利益分享与补偿机制［J］. 财经科（5）：62-70.

刘刚，朱有余，2015. 京津冀绿色农业分工协作机制探讨［J］. 商业经济研究（8）：139-140.

卢龙辉，陈福军，许月卿，等，2020. 京津冀"生态系统服务转型"及其空间格局［J］. 自然资源学报，35（3）：532-545.

彭文英，2018. 京津冀地区土地生态压力及协同调控策略［J］. 中国流通经济，32（3）：95-101.

秦静，李浩，周立群，2018. 京津冀现代农业协同发展进展与展望［J］. 中国农业资源与区划，39（9）：279-284.

全毅文，2017. 区域经济合作中的利益分享与补偿机制构建研究［J］. 改革与战略，33（2）：88-91.

余灝哲，李丽娟，李九一，2020. 基于量-质-域-流的京津冀水资源承载力综合评价［J］. 资源科学，42（2）：358-371.

臧秀清，2015. 京津冀协同发展中的利益分配问题研究［J］. 河北学刊，35（1）：192-196.

张敏，苗润莲，卢凤君，等，2015. 基于产业链升级的京津冀农业协作模式探析［J］. 农业现代化研究，36（3）：407-411.

张婷婷，彭华颖，2016. 北京市"菜篮子"工程流通体系创新研究［J］. 中国农业资源与区划，37（10）：227-231.

张衍毓，唐林楠，刘玉，2020. 京津冀地区乡村功能分区及振兴途径［J］. 经济地理，40（3）：160-167.

周清杰，2020. 建好首都"菜篮子"外埠基地［J］. 前线（8）：66-68.

# 报告 14　北京农业社会化服务发展现状、问题和对策建议

新型农业社会化服务体系是我国农业产业发展创新改革的必然方向，其在发展过程中充分强调资源整合，能够全方位提高农村地区农业生产的技术配套、完善农业生产经营方式，对于有效推进乡村地区农业产品商品化、专业化、社会化，促进乡村地区农业经济实现高质量发展具有重要意义。按照《关于推进首都特色新型农业社会化服务体系建设的若干意见》任务清单，北京市积极推进重点领域服务水平提升、大力培育服务主体、搭建高效服务平台、探索创新服务机制，发展多元化、多层次、多类型的农业社会化服务，引领农业生产经营专业化、标准化、集约化和绿色化发展，促进小农户和现代农业有机衔接，为北京全面推进乡村振兴提供了有力支撑。

## 一、北京农业社会化服务发展现状

### （一）培育多元协同服务主体

#### 1. 强化公益性服务主体基础性作用

北京市按照"深化体制改革，健全服务机构，提升队伍能力，创新服务模式"要求，重点完善了公益性农业技术推广、农产品质量安全监管、农资供给等服务体系建设，确保农业产业健康发展和农产品质量安全。在顺义、平谷等 7 个区采取"政府引导、市场运作、双向选择、专业服务"

机制,将统防统治与绿色防控相融合,引导蔬菜植保社会化组织开展专业化服务,政府负责相关服务标准制定和监管。

**2. 发挥龙头企业服务带动作用**

加大扶持力度,深化社企对接,近年来,龙头企业不断创新优化联农带农机制,采取订单收购、合作经营、股份合作等方式带动农户,增收效果明显。2022年全市开展农业社会化服务的企业134个,服务农户28万户。龙头企业采取订单农业、土地托管等方式,将广大农户联结在农业产业链上,提升农业抵御市场风险的能力。

**3. 支持各类农业专业服务公司发展**

北京市各级农机管理和技术推广部门充分发挥农机购置补贴政策、农机科技示范推广、农机化技术培训等的政策引导、资金扶持作用,建设形成了以农机社会化服务组织为主体,以技术推广、技能培训、机具维修、配件供应、信息服务等为支撑,功能较为完备的农机社会化服务体系。截至2022年底,北京市拥有各类农机服务组织及专业户12 446个,从业人员17 189人。供销合作社系统和京农集团积极开展农业社会化服务,从业人员675人,营业收入7 435万元。

**4. 支持农民专业合作社开展农业社会化服务**

2022年全市开展农业社会化服务的农民专业合作社607个,从业人员4 747人,服务小农户11.3万户。平谷、顺义、昌平、密云、延庆5个区先后被农业农村部批复为全国农民合作社质量提升整区推进试点单位,农民合作社市级示范社共有226家,培育创建3个家庭农场示范区、26个家庭农场示范乡镇、200家示范家庭农场。

**5. 鼓励科技创新服务主体发挥支农作用**

有效发挥首都高校资源优势,在设施蔬菜领域整合各类科研院所行业专家100余名,在各区建立综合试验站26个,农民田间学校工作站105

个。平谷区通过探索政府、科研单位和企业"金三角"合作模式，建设桃产业技术研究院、"博士农场"和"科技小院"等，推动高效设施蔬菜、微生物技术创新研发项目等落地。

## （二）搭建专业高效服务平台

### 1. 搭建农产品流通营销服务平台

在延庆、怀柔等 6 个区开展 2022 年"北京优农"品牌巡展推介活动。通过组织农产品进社区、农业直播间"孵化"项目，推动优质农产品实现"互联网+"出村进城；与京东平台达成合作意向，建设运营"云上京品"北京优质农产品特色馆；房山区发挥"上房山　上京西""农产品供求信息微信小程序"作用，打造农产品品牌推广及销售、农超与农社对接等线上线下融合发展的乡村流通新模式。

### 2. 搭建金融支农服务平台

在顺义、平谷等区开展蔬菜价格保险、粮食作物完全成本保险等险种创新试点，推动农业保险"增品、扩面、提标"。北京市农担公司已在 10 个郊区设立直营公司，在平谷区大华山镇梯子峪村、山东庄镇鱼子山村等镇村设立农村金融服务站。深入推进信贷直通车活动，为 415 户农业经营主体办理贷款 5.9 亿元。

### 3. 搭建农民培训服务平台

支持并指导本市农民专业合作社、农民实训基地、相关行业协会及专业培训机构等社会承训机构开展农民培训工作。2022 年共有 13 个基地入库云上智农培育基地库，北京低碳农业协会等 10 家社会机构承担完成 16 个班次的市级高素质农民示范培训任务。

### 4. 搭建信息化服务平台

利用互联网和信息化手段，推进农业科技服务转型。对接"农业科教云平台""北京农业科技大讲堂"的农业科技专家,对基层农技人员、社会化服务组织提供农业生产动态数据服务,为个性化、远程化、智能化的农业托管服务提供有效支撑。自 2021 年启动以来,共举办线上网络直播 80 余场,组织进社区、进公园、进学校等线下科普活动 20 余场,服务超过 15 万人次。

**5. 搭建服务主体信用服务平台**

探索建立农业生产经营主体和服务主体信用信息收集、共享查询以及守信失信发布平台。加强信用跟踪管理,将信用等级作为服务主体获得项目扶持、示范社与农业龙头企业评选考核、农产品公共营销服务等的依据,引导服务主体诚信经营。按照管理部门要求,在生产主体数据库中设定了 4 个评估等级,为进一步实施生产主体分级信用管理奠定了技术基础。

### (三) 探索创新服务运行机制

**1. 创新农服中心建设机制**

整合聚集供销、农业、农机、科技、气象、保险、电信等部门资源,在农服中心设立服务窗口,打造一站式农业社会化综合服务平台,解决为农服务"最后一公里"问题。积极发挥技术服务保障作用,引导和支持农机合作社转变经营理念,创新服务模式,积极主动向新农村建设和农民生活改善等方面拓展和融合。发挥示范社的农机化新技术应用引领和示范作用。

**2. 创新联动服务组织机制**

建立了乡镇为主导,种养为主体,配送为纽带的"养殖企业+配送方+种植园区(户)"及"种养集中统一管理"的两大类区域种养循环模式。房山区形成了以"龙头企业+中小企业+农民合作社"的产业联结机制。以市级龙头企业北京南河北星公司、北京凯达恒业公司为核心,引领中小企业、蔬菜基地和农民从事标准化生产;各成员单位签订订单协议,确定原料品种、种植规模、质量标准，实行"企业主体、利益共享、风险共担"模式。

### 3. 创新用地保障机制

发挥"一统四管"（集体统筹引领，管合同、管风貌、管安全、管风险）工作机制作用，强化集体统筹引领，健全利益联结机制，促进集体经济发展壮大和农民增收。推介了门头沟小院、大兴区黄村镇"三化"模式等典型案例，助力发展精品民宿、休闲旅游等特色产业，形成了"三产联动、多业融合"发展业态。

### 4. 创新利益链接机制

推广"党支部+集体经济组织+农民合作社+农户""党支部+农民合作社+农户""公司+农民合作社联合社+农户"3种农民合作社发展模式。平谷区结合大桃产业高质量发展需求，通过合作社体系化建设，探索了构建农民组织化体系；房山区组建了跨区域企业农业产业化联合体，以涿州众汇公司、内蒙古薯都凯达公司为桥梁，实现农业产业化跨区协同发展，解决北京生产空间不足、生产成本较高的难题。

### 5. 开展农业生产社会化服务创新试点

组织申报了试点区（通州区、平谷区）、试点服务组织。遴选北京市农业科技示范基地100余家，推进项目成果集成转化与示范带动。依托农业农村部等项目，建设了40家技术集成度高、引进示范效果好、辐射带动能力强的示范基地。昌平区充分依托基地开展优质新品种展示，围绕本区草莓产业进行各项技术技能培训，示范推广效果明显。

## （四）持续提升重点领域服务水平

### 1. 开展设施农业全产业链专业化服务

北京市持续开展设施蔬菜全产业链重点环节专业化服务工作。产前环节，2022年北京市有持证种苗企业38家，占比12%。集约化育苗总量4.35亿株，较2021年增长3.8%。产中环节，全市蔬菜播种面积79.7万亩，产量198.9万吨，初步形成"十镇百村千园"格局。产后加工环节，全市拥有蔬菜产加销一体化的市级以上农业产业化龙头企业15家，带动农户8.08万户。产后环节，在大兴、通州等8个区建设了30个农产品产地冷藏保鲜设施，构建包含生产、储存、运输、配送全过程的冷链物流体系。

**2. 开展农业绿色生产技术服务**

社会化服务组织为农业生产提供集成推广绿色高产高效技术、测土配方施肥、有机肥替代化肥等减量增效新技术，推进肥料统供统施服务，加快推广喷灌、滴灌、水肥一体化等农业节水技术服务，农药和化肥利用率显著提升。2022年房山区种植业实现节水30%~40%，化肥、农药投入减少30%以上，测土配方施肥技术推广覆盖率提高到98%以上，统防统治覆盖率达到95%以上。以机械化为抓手，以社会化、市场化、专业化服务为手段，全面推进农作物秸秆、畜禽粪污、蔬菜尾菜、林果残枝等农业废弃物资源化循环利用，创新社会化服务"顺义模式""延庆模式""怀柔模式"。

**3. 开展动植物疫病绿色防控服务**

截至2022年底，北京市具有可实施专业化统防统治的新型农业经营主体100多个。小麦和玉米的统防统治面积分别为41.4万亩次和68.8万亩次，统防统治覆盖率分别为80.6%和71.5%。动物疫病防控方面，组织开展整治违法违规调运、"大清洗、大消毒"专项行动。推进全链条智能监管平台建设，在实现种猪、仔猪"点对点"调运监管的基础上，启动了外埠供京屠宰生猪"点对点"调运闭环管理。

**4. 开展农产品质量安全监管服务**

组织开展对全市24家通过农产品质量安全检测机构考核的区级综合质检站和社会第三方检测机构检测能力验证工作；积极推进农产品质量安全

网格化管理，组织开展2022年农产品生产主体信息核查和动态更新工作，并将相关主体信息录入主体信息库。截至2022年底，全市备案农业标准化基地1 085家，为市民提供优质农产品117.8万吨。推动15家市级现代农业全产业链标准化示范基地和1家国家现代农业全产业链标准化示范基地创建，配合市场监管部门完成第10批国家农业标准化示范区考核验收。

**5. 开展农业生产托管服务**

组织通州、平谷等试点区申报中央支持农业生产发展农业社会化服务项目。大户、家庭农场、专业合作社、农资公司等是具有农机作业条件的专业化服务主体，为农户开展作业环节及作业规模各异的专业化"菜单式"服务。2022年全市完成农业生产社会化服务生产托管面积11万亩，获得中央财政支持资金1 048万元。

## 二、北京农业社会化服务发展面临的问题

### （一）服务资源有待整合

资源有效整合是提高要素生产效率的重要途径。推动各类服务主体通过联合合作、组织重构和模式创新等方式整合资源，有利于提高农业社会化服务效率。农业社会化服务内容多，体系繁杂，涉及部门多且分散，使得与农业产业发展相配套的服务体系结构调整相对滞后。当前北京农业社会化服务需求不足与需求无法得到满足的问题同时存在。一方面，伴随农业规模的调减，农业适度规模经营水平未见明显提高，农业生产分散化、农地细碎化问题依旧严峻，规模农业经营户占比不足1%，规模经营面积只占耕地面积的27.5%，小农生产仍是大多数。另一方面，农民组织化程度仍然较低，集体经济实力仍然不强，龙头企业、合作社的组织带农能力亟待增强。尚未形成服务联合体、服务联盟或行业协会，社会化服务组织仍处于各自为战、单打独斗的状态，在一定程度上制约了全市农业社会化

服务水平的整体提升。

## （二）服务标准有待规范

农业社会化服务标准化是提升服务质量的重要保障，建立健全农业社会化服务标准体系是推进农业社会化服务工作的重中之重，应逐步建立包括服务主体标准、行业标准、服务标准等在内的标准体系。虽然北京市农业社会化服务体系建设取得了创新成效，个别服务组织也建立了自己的服务标准，但从整体看，仍在较大范围内存在服务标准不规范、服务组织管理制度不健全、交易程序不规范等问题。全市服务组织中，大多数组织没有制定内部规章制度、服务标准或服务合同，从长远看，不利于农业社会化服务行业健康发展。

## （三）服务模式亟待创新

北京市国际化大都市的区位特点，导致农村人力资本、土地和资金等服务要素被"外部市场定价"，农业社会化服务投入成本大增，社会化服务业市场发展空间被制约，探索新的社会化服务经营模式，才能在激烈的市场竞争中争得一席之地。如农业废弃物资源化处理、动植物疫病防控体系投入使用成本较高，但其具有显著公益性和较强的外部性，需要公益性服务与经营性服务对接，提高服务效率的同时保障农产品安全和生态环境。虽然农业社会化服务信息技术平台建设较为完备，但平台间整合力度不足，难以充分发挥其生产服务能力，需要重点探索农业社会化服务信息技术平台整合机制，探索多样化、个性化的高效服务方式；就流通服务体系而言，虽然农产品销售的服务站点、零售网点建设有较大进步，但是服务模式与农户利益分配机制在对接上存在一定问题，导致农产品无法实现优质优价，农户收入水平无法实现预期。

## (四) 科技服务力量亟待提升

随着生态农业、加工农业、城市农业等新型业态的发展和信息化、网络化等技术手段的提升，以及农业技术推广服务领域的拓宽，对农业技术推广人员的知识要求越来越高。在农业科技提供支撑的基础上，对园区规划、结构调整、品牌打造、产销服务、信息化手段等需求不断增加，但是专业技术服务人员获得新知识的渠道少，农业技术推广人员更新知识培训体制机制不完善，深造的机会少，听取专家教授讲解、专业人员指导和亲自实践操作的机会更少。目前北京的农业社会化服务还缺少实用人才，尤其是在农机驾驶、维修方面。而植保专业化防治服务组织也存在着总体发展水平参差不齐的问题，设施装备、人员水平、规范程度均存在较大差距。此外，农业社会化服务还缺少健全的人才培养和输送机制，各个农业院校毕业生通常更倾向于从事非农行业工作，在从事农业行业的人员中也有着素质参差不齐的现象，很难满足北京农业社会化服务对高质量实用人才的需求。

# 三、推进北京农业社会化服务发展的对策建议

## (一) 推进"全程机械化+综合农事"服务中心建设

将农业社会化服务体系建设纳入乡村振兴战略政策体系，统筹考虑。调整政策支持方向，逐步将支持资金从补主体、补装备、补设施向补服务转变。深入落实《北京市关于加快推进农业机械化和农机装备产业转型升级的实施意见》，借鉴浙江、四川等地实践经验，组织条件适宜区创建"全程机械化+综合农事"服务中心，明确农事服务中心建设目标以及基于全程机械化作业"1+X"综合服务功能的建设重点（"1"指全程机械化作业服务功能，"X"指拓展的专业农事服务功能）。各级管理部门，可以将

服务中心作为推进农业社会化服务工作的有力"抓手",集成式为农业提供产前产中产后服务、科技推广应用、农业数字化智能化管理等综合农事服务解决方案。根据各乡镇产业结构、人口规模实际合理布局服务中心,因地制宜拓展农业社会化服务的广度和深度。在耕地集中连片、农业产业规模较大的乡镇,强化服务中心的农资供应、测土施肥、统防统治、农机作业等生产服务功能;在粮食和鲜活农产品主产乡镇,侧重建设农产品烘干、冷藏、仓储、加工、交易等服务设施,强化商品化处理功能;在商贸集散地和人口集聚乡镇,侧重建设社区综合服务中心或乡镇经营服务综合体,强化商贸流通、电子商务、文体娱乐、养老幼教、生态养生等生活服务功能。

### (二) 加强社会化服务行业标准建设

加快构建质量安全、价格合理、服务规范、监管有力的农业社会化服务体系。在服务标准制定、服务价格监测、服务合同监管、服务效果评估、行业自律规范等方面,探索行之有效的具体方法和举措,促进行业规范有序发展。加强对农业科技社会化服务体系建设和各类任务目标的监测评价,形成激励约束机制,探索建立合理的推广责任制,通过对评价标准等方面进行改革,将成果落地、技术服务效果综合评价纳入评价体系。建立科技成果转化负面清单制度,细化并规范成果转化具体操作流程,建立容错与改错机制,强化对科技创新和成果转化的制度保障。健全成果评估评价制度,结合落实《北京市促进科技成果转化条例》,建立科学、合理、有效的科技成果价值分析及评估体系,将科技服务的绩效评价结果作为衡量工作成效的重要依据,形成全市上下齐抓共管、各级各部门协同推进的强大合力,全面完成农业社会化服务体系各项目标任务。

### (三) 优化调整社会化服务模式

积极探索如生产托管、折股量化、产业化联合体等对接模式,鼓励服务主体将农业经营利润更多地向农户倾斜，提高小农户参与社会化服务积极性与获得感，充分释放农业社会化服务发展活力。加大绿色高效生产技术研发与推广服务组织扶持力度，充分发挥财政资金作用，统筹用好现有资金渠道支持农业科技社会化服务体系建设，新增资金更多向符合条件的农业科技服务领域倾斜，保障农户和服务组织的利益，为农业科技社会化服务提供优质金融产品，为相关从业者提供更多的技能培训机会，如完善环保农资供应体系、继续实施化学农药减量控害技术集成与推广项目，全面系统开展全程蔬菜植保专业化服务示范，重视废弃物资源化利用等产后环节服务。通过绿色高效的社会化服务"撬动"农业向绿色高质量转型升级。政府相关部门联合农业生产经营主体，为社会化服务组织的技术试验、模式试点、品牌宣传等提供便利。探索创新农业社会化服务的业态、模式、机制，树立发展农业社会化服务的行业标杆和区域样板，以点带面、示范引导农业社会化服务加快推进。重点支持首都"菜篮子"产品的生产托管，推动农业社会化服务从大田作物向蔬菜、果品等经济作物拓展，在农技推广、动植物疫病防控、农产品质量安全监管、农机农资、农业信息、农产品营销等领域构建公益性与经营性服务组织不断壮大并互为补充、相互融合发展的服务体系。

## （四）壮大农业社会化科技服务力量

支持农业高新技术企业、科技型中小企业等市场主体开展技术创新研究，搭建科技服务平台，创新"产学研用服"利益联结机制，提高科技服务能力。优化财政支持农业科技服务方式，探索建立农业科技服务后补助机制，激励涉农企业开展农业科技服务。加大科技服务企业培育力度，支持农技人员、大学生村官、返乡农民工、种养大户等领办创办农业科技服务企业，着力培养农业社会化服务专业实用人才，鼓励农业相关专业毕业生从事农业社会化服务工作，鼓励新技术、电子商务、信息数字、物流运输等专业毕业生从事农业社会化服务工作，为农业社会化服务行业提供新的活力。加强对现阶段农业社会化服务行业从业者的培训，适当缓解农业社会化服务行业对人才需求的压力。推动农业社会化服务人才培养和输送机制建设，为农业社会化服务行业提供源源不断的人才支持。开展农业科技服务企业建设试点示范，树立农业科技服务品牌。鼓励高等院校、科研院所等面向社会化服务组织需求，开展农业科技研发，通过社会化服务集成推广应用先进适用技术和现代物质装备，提升服务的科技含量。

## 参考文献

杜洪燕，陈俊红，李芸，2021. 推动小农户与现代农业有机衔接的农业生产托管组织方式和利益联结机制［J］. 农村经济（1）：31-38.

杜洪燕，陈俊红，刘宝印，等，2022. 农业生产托管推进小农生产现代化的逻辑创新［J］. 中国农业资源与区划，43（4）：1-7.

姜长云，李俊茹，赵炜科，2021. 农业生产托管服务的组织形式、实践探索与制度创新：以黑龙江省 LX 县为例［J］. 改革（8）：103-115.

刘鑫，韩青，2021. 农业生产托管补贴的经济效应分析［J］. 农村经济（9）：90-96.

卢洋啸，孔祥智，2021. 农业生产托管的形成机制与服务模式分析［J］. 现代经济探讨（6）：119-125.

芦千文，姜长云，2019. 日本发展农业生产托管服务的历程、特点与启示［J］. 江淮论坛（1）：59-66.

芦千文，苑鹏，2021. 农业生产托管与稳固中国粮食安全战略根基［J］. 南京农业大学学报（社会科学版），21（3）：58-67.

宋圭武，1998."小生产+大服务"是中国农业发展的理想模式［J］. 农业经济问题（3）：57-58.

陶志远，2018. 农业生产托管服务发展模式探索［J］. 江苏农村经济（4）：40-41.

王亚华，2020. 立足国情农情走出中国特色乡村振兴之路［J］. 中国农业资源与区划，41（9）：1-8.

王玉斌，李乾，2019. 农业生产托管利益分配模式比较研究［J］. 改革（8）：119-127.

文丰安，2022. 全面实施乡村振兴战略：重要性、动力及促进机制［J］. 东岳论丛，43（3）：5-15.